中國學術思想史論叢（三）

錢穆

錢穆作品精華

東大圖書公司

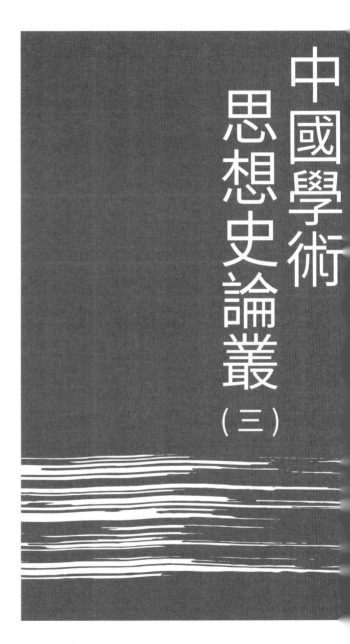

序

本書第二編第一冊所收，起自西漢，迄於南北朝，凡得散篇論文共十二篇。其有關兩漢經學者，大多收於《兩漢經學今古文平議》。其有關魏晉清談，自王弼何晏以下諸家，有一部分收入《莊老通辨》。此編皆不復載。作者復有《秦漢史》、《中國思想史》、《國學概論》、《國史大綱》諸種，與此編有關涉，皆可參讀。

民國六十六年初春錢穆識於臺北外雙溪之素書樓，時年八十有三。

中國學術思想史論叢（三）

目次

讀陸賈《新語》

陸賈楚人，《新語》文體，上承荀卿，下開淮南，頗尚辭藻。荀屈同為賦宗，蓋荀卿曾南遊楚，而染其文風耳。《莊子・外篇》如〈天道〉、〈天運〉，亦近此體。賈誼以下至董仲舒，為北方文體。西漢文章，至賈董而始變。

《新語・道基》篇開首，傳曰，天生萬物，以地養之，聖人成之。功德參合而道術生焉。此即《中庸》所謂贊化育，參天地也。下文先聖仰觀天文，俯察地理，圖畫乾坤一節，極似《易大傳》。然則《易大傳》殆先《新語》，成於秦儒，會通儒道，亦楚風也。據是疑開首傳曰，亦指《易傳》。惟今《易傳》無其文。豈《易傳》自《新語》後，尚續有增刪，始成今之定本乎？

〈術事〉篇開端，善言古者，合之於今。能術遠者，考之於近。此等亦極近《中庸》，皆自荀卿法後王之論來。其過激則為韓非。司馬遷〈六國年表序〉亦承此旨。而賈董則近法先王，此亦晚周至漢初學術界一分野也。

〈術事〉篇又云：書不必起仲尼之門，書孔子為仲尼，其風亦盛於晚周，如《中庸》、《孝經》皆其證。孟子云：仲尼之徒無道桓文之事者，雖亦偶有其例，要之至晚周始成風習。漢儒率多稱孔子，此亦證《新語》當屬漢初。

〈輔政〉篇、〈無為〉篇皆參雜以老子之說。《老子》書起於晚周，《易傳》、《中庸》皆承儒義而參以道家言，《新語》亦爾，此乃當時學術大趨也。

〈無為〉篇云：君子尚寬舒以苞身，行中和以統遠。又曰：漸漬於道德，被服於中和之所致也。道德連用本《老子》，中和連用本《中庸》，尚寬之說亦本《中庸》，《語》、《孟》以至〈易繫傳〉皆言剛，不尚寬。

〈辨惑〉篇記孔子夾谷之會，辭語與《穀梁》大相近，然則《穀梁》亦遠起先秦矣。雖至漢中葉後遞有增潤，始成今本，不可謂其絕無師承也。

〈慎微〉篇亦會通《老子》、《中庸》以陳義。其曰道因權而立，德因勢而行，以道德合之於權勢，不僅《老子》有此義，即《中庸》亦有之。《孟子》言孝，舉舜，而《中庸》言孝必據周公。舜之孝行尚在草莽，周公則正籍權勢以大顯其道德者。篇末引有至德要道以順天下，此亦證《孝經》遠起漢前。

〈辨惑〉篇又云：苦身勞形，入深山，求神仙。棄二親，捐骨肉，絕五谷，廢《詩》、《書》。背天地之寶，求不死之道，非所以通世防非者也。又曰：夫播布革，亂毛髮，登高山，食木實，視之無優游之容，聽之無仁義之辭，忽忽若狂痴，推之不往，引之不來。當世不蒙其功，後代不見其才，君傾而不扶，國危而不持，寂寞而無鄰，寥廓而獨寐，可謂避世，非謂懷道者也。又曰：隱之則為道，布之則為文。其所描述，知其時實多入深山求神仙之事，與當孔子時沮溺荷篠之徒，大異其趣。《莊子．寓言》，始有此等意想，殆自晚周而始盛。秦皇海上方士雖無驗，然楚漢之際，天下大亂，此等風氣仍持續，即張子房亦解穀欲從赤松子遊。然就《新語》以避世與隱居分別，則儒道合流，並不包括神仙在內。隱之為道，布之為文，顯屬有道家義。

〈資質〉篇深歎質美才良者伏隱而不能通達，不為世用，是乃惜隱，非高隱也。此顯是會通儒道義而有此。

〈至德〉篇屢引春秋事，是必三《傳》多有行於時者。篇末故春秋穀三字下有缺文，是殆引《春秋穀梁傳》也。

〈懷慮〉篇云：據土子民，治國治眾者，不可以圖利。治產業則教化不行，而政令不從。此《大學》所謂財聚則民散，財散則民聚，長國家而務財用者，必自小人矣。厥後董仲舒亦言，明明求仁義，如恐不及者，君子之事。明明求財利，如恐不及者，小人之事。此皆封建采邑之制既壞，貴族崩潰，工商生產事業新興以後，為晚周以迄漢中葉一種共有之思想也。

〈懷慮〉篇又云：世人不學《詩》、《書》，行仁義聖人之道，極經藝之深，乃論不驗之語，學不然之事，圖天地之形，說災變之異，〇〇王之法，異聖人之意，惑學者之心，移眾人之志，指天畫地，是非世事，動人以邪變，驚人以奇怪。聽之者若神，視之者如異，然猶不可以濟於厄而度其身，或觸罪〇法，不免於辜戮。此一節，可見當時智識界一種流行風氣，殆是混合陰陽五行災異變怪之說於縱橫捭闔權謀術數之用，蒯通自稱與安期生遊，即此流也。此後淮南賓客亦多此類。至董仲舒言災異，乃以會通之於經術，此乃中央政權大定之後，與漢初撥亂之世不同矣。至以經藝連文，則稱六經為六藝，已始於其時矣。

〈懷慮〉篇又云：戰士不耕，朝士不商，前一語與韓非耕戰之議異，下一語開漢制仕宦者不得經商之先聲。

〈本行〉篇盛倡儒道，然其語多近《荀子》與《大學》，並旁采《老子》，亦徵其語實出漢初，與武帝時人意想不同。

〈本行〉篇又云：案紀圖錄，以知性命，表定六藝，以〇〇〇，觀下一語，知孔子定六經，其說遠有所自。殆起荀卿以下，或出秦博士，而賈承其說。觀上一語，則儒道陰陽合流之跡已顯。

〈明誡〉篇有云：堯舜不易日月而興，桀紂不易星辰而亡，天道不改而人道易也。故世衰道亡，非天之所為也，乃國君者有所取之也。此義遠承《荀子．天論》。

〈明誡〉篇又云：惡政生於惡氣，惡氣生於災異。蝮蟲之類，隨氣而生。虹蜺之屬，因政而見。治道失於下，則天文度於上。惡政流於民，則蟲災生於地。賢君智則知隨變而改，緣類而試。此一節與仲舒以下言陰陽災變者無大異趣，然與上引〈懷慮〉篇所云有不同。蓋雖兼采陰陽家言，而固以儒術為主，此乃漢代儒術所以與方術縱橫之士之有其不同所在也。

〈明誡〉篇又曰：聖人察物，無所遺失。〇〇鷁之退飛，治五石之所隕，所以不失纖微。至於鴝鵒來，冬多麋，言鳥獸之類〇〇〇也。十有二月李梅實，十月殞霜不煞菽，言寒暑之氣失其節也。鳥獸草木，尚欲各得其所，綱之以法，紀之以數，而況於人乎。可知自董仲舒治《春秋》，通之陰陽，下迄劉向治《穀梁》而志五行，其風遠自漢初，有其端緒矣。

〈思務〉篇有云：八宿並列，各有所主，萬端異路，千法異形。聖人因其勢而調之，使小大不得相〇，方圓不得相干。分之以度，紀之以節。星不晝見，日不夜照。雷不冬發，霜不夏降。臣不凌君，則陰不侵陽。盛夏不暑，隆冬不霜。黑氣苞日，彗星揚光。虹蜺冬見，蟄蟲夏藏。熒惑亂宿，眾星失行。聖人因天變而正其失，理其端而正其本。此等語即陳平所謂宰相之職在助天子理陰陽之旨也。陳平陸賈同時，宜其所言之相通矣。

丁酉歲暮，赴臺北講學，行篋匆匆，僅攜陸賈《新語》一冊。旅邸客散，偶加披玩，漫誌所得。〈懷慮〉以下，則返港後新春所補成。戊戌人日錢穆識。

此稿成於民國四十七年

中國古代大史學家——司馬遷

——（中國名人小傳試作之一）

中國民族，是一個具有悠長歷史的民族。論中國文化之貢獻，史學成就，可算最偉大，最超越，為世界其他民族所不逮。孔子是中國大聖人，同時亦是中國第一個史學家，他距今已在二千五百年之前。西漢司馬遷，可說是中國古代第二個偉大的史學家，距今亦快到二千一百年。孔子《春秋》和司馬遷《史記》，同是中國古代私人著史最偉大的書。

遠在西周，中國人早懂得歷史記載之重要，常由政府特置史官來專管這工作。那些史官是專業的，同時也是世襲的。司馬氏一家，世代相承，便當著史官的職位，聯綿不輟。到遷父親司馬談，是西漢的太史令，正值武帝時。在春秋時，司馬氏一家，由周遷晉，又分散到衛與趙。另一支由晉轉到秦，住居今陝西韓城縣附近之龍門。遷便屬這一支，他誕生在龍門。

當時的史官，屬於九卿之太常。太常掌宗廟祭祀，這是一宗教性的官。史官附屬於太常，這是中國古代學術隸屬於宗教之下的遺蛻可尋之一例。因此史官必然要熟習天文與曆法。同時司馬談並研究《易經》與道家言。因這兩派學說在當時，都和研究天文發生了連帶的關係。

司馬談是一位博涉的學者，他有一篇有名的〈論六家要旨〉，保留在《史記・太史公自序》中。可見司馬談博通戰國以來各學派，不是一位偏狹的歷史家。他的思想態度偏傾於道家，但他究是一位史學傳統家庭中的人，因此他依然注重古典籍與舊文獻，不像一般道家不看重歷史。

司馬遷出生在景帝時，那時漢初一輩老儒，像叔孫通、伏勝、陸賈、張蒼、賈誼、晁錯諸人都死了。漢文帝本好刑名家言。他的政治作風亦偏近於黃老。他夫人竇氏，更是黃老的信徒。景帝尤不喜儒家言。時有博士轅固生，因議論儒道兩家長短，得罪了竇太后，命他下虎圈刺豕。這很像西方羅馬的習俗。

但司馬遷十歲時，他父親便教他學古文字，治古經籍。因此他的學問，不致囿限在戰國以下新興百家言的圈套中。他將來綜貫古今，融會新舊，成為一理想的高標準的史學家，在他幼年期的教育中，已奠定了基礎。這一層，在《史記》裏，他屢次鄭重地提及。

他幼年的家庭生活，還保持著半耕半牧古代中國北方醇樸的鄉村味。他二十歲開始作遠遊。〈自序〉說：

二十而南遊江淮，上會稽，探禹穴，闚九疑，浮於沅湘。北涉汶泗，講業齊魯之都，觀孔子之遺風，鄉射鄒嶧。戹困鄱薛彭城，過梁楚以歸。

這是何等有意義的一次遊歷呀！中國到漢時，文化綿延，已達兩三千年了。全中國的地面上，到處都染上了先民故事的傳說和遺跡。到那時，中國民族已和他們的自然天地深深地融凝為一了。西北一角，周漢故都，是司馬遷家鄉。這一次，他從西北遠遊到東南，沿著長江下游，經過太湖鄱陽洞庭三水庫，逾淮歷濟，再溯黃河回西去。這竟是讀了一大部活歷史。遠的如虞舜大禹的傳說，近的如孔子在文化教育上種種具體遺存的業績，他都親身接觸了。這在一青年天才的心裏，必然會留下許多甚深甚大的刺激和影響，是不言可知了。

這一次回去，他當了漢廷一侍衛，當時官名稱郎中。照漢制，當時高級官吏，例得推薦他們子弟，進皇宮充侍衛。他父親的官階，還不夠享受此殊榮。但武帝是極愛文學與天才的，想來那位剛過三十年齡的漢武帝，早聽到這一位剛過二十年齡的充滿著天才的有希望的新進青年的名字了。我們可想像，司馬遷一進入宮廷，必然會蒙受到武帝的賞識。

在當時，他大概開始認識了孔子十三代後人孔安國。安國也在皇宮為侍中，安國的哥哥孔臧，是當時的太常卿，又是司馬談的親上司。司馬遷因此得從安國那裏見到了孔家所獨傳的歷史寶典

《古文尚書》了。他將來作《史記》，關於古代方面，根據的〈堯典〉、〈禹貢〉、〈洪範〉、〈微子〉、〈金縢〉諸篇重要的史料，有許多在當時為一般學者所不曉的古文學新說。

大概他在同時前後，又認識了當時最卓越的經學大儒董仲舒。仲舒是一位博通五經的經學大師，尤其對孔子《春秋》，他根據《公羊》家言，有一套精深博大的闡述。將來司馬遷的史學及其創作《史記》的精神和義法，據他自述，是獲之於仲舒之啟示。

他當皇宮侍衛十多年，大概是他學問的成立期。後來有一年，他奉朝廷使命，深入中國的西南角。〈自序〉說：

奉使西征巴蜀以南，南略邛笮昆明。

這一段行程，從四川岷江直到今雲南西部大理，即當時的昆明。大概和將來諸葛孔明南征，走著相同的道路。這又補讀了活的中國史之另一面。但不幸，他這一次回來，遭逢著家庭慘變。

當時漢武帝正向東方巡狩，登泰山，行封禪禮。這是中國古史上傳說皇帝統治太平祭祀天地的一番大典禮。但武帝惑於方士言，希望由封禪獲得登天成神仙，因此當時一輩考究古禮來定封禪儀式的儒生們，武帝嫌其不與方士意見相洽而全體排擯了。司馬談是傾向道家的，但他並不喜歡晚周以來附會道家妄言長生不死的方士。因此他在討論封禪儀式時，態度接近於儒生。照例，他是太史令，封禪大祭典，在職掌上，他必該參預的。但武帝也把他遺棄了。留在洛陽，不許他隨隊去東方。司馬談一氣病倒了。他兒子奉使歸來，在病榻邊拜見他父親。〈自序〉說：

奉使西征，……還報命，是歲，天子始建漢家之封，而太史公（指其父，下同），留滯周南，不得與從事。故發憤且卒，而子遷適使反，見父於河洛之間，太史公執遷手而泣。

接著是他父親的一番遺命，說：

余先，周室之太史也。上世嘗顯功名於虞夏，……後世中衰，絕於余乎？汝復為太史，則續吾祖矣。今天子接千歲之統，封泰山，而余不得從行，是命也夫！命也夫！余死，汝必為太史。為太史，無忘吾所欲論著矣。……遷俯首流涕，曰：小子不敏，請悉論先人所次舊聞，弗敢闕。

看了這一段敘述，可想司馬談是一位忠誠骾直而極負氣憤的人。他很想跟隨皇帝去泰山，但不肯阿從皇帝意旨。沒有去得成，便一氣而病了，還希望他兒子在他死後把此事的是非曲折明白告訴後世人。司馬遷性格，很富他父親遺傳。他父親臨終這一番遺囑，遂立定了他創寫《史記》的決心。

談卒後三年，司馬遷承襲父職當了太史令。遷的才情，武帝早欣賞，這本是不成問題的。於是他憑藉宮廷藏書，恣意紬讀了五年，纔開始寫他的《史記》，那時他已到四十二歲的年齡。上距孔子卒歲，則整整三百七十五個年頭了。在〈自序〉裏，他自己這樣說：

先人有言，自周公卒，五百歲而有孔子。孔子卒後，至於今五百歲。有能紹明世，正《易傳》，繼《春秋》，本詩書禮樂之際，意在斯乎！意在斯乎！小子何敢讓焉。

這說明他的《史記》，承襲了孔子《春秋》，隨續著文化傳統，古經典之大義而著筆。

但不幸前後搭到七年的時期，他又遇了飛天橫禍。那時一位青年將軍李陵，因兵敗，投降匈奴了。陵降匈奴，時年三十六。武帝本也很愛李陵才氣，但他又要振厲邊將氣節，兵敗降敵，不得不嚴辦。在他憤悶與衝突的心情下，問於司馬遷。遷與李陵在內廷同過事，他直口稱讚李陵為人，說他事親孝，與士信，常奮不顧身以徇國家之急。其素所畜積有國士風。今舉事一不幸，那些只知全軀保妻子的人，卻隨在後面說他壞話。他說這是一極可痛心的事。他又說：陵雖敗，他的戰功已足表揚於天下。他之降，或許想攫得一機會來報答。但他這番話，洗雪了李陵，卻得罪了朝臣。既不主張懲罪降將，而且還牽涉到宮廷親貴，武帝寵將，種種複雜的內幕。於是司馬遷終於下了獄，定他誣罔罪。判決了死刑。但武帝存心並不要真置他死地，依照當時新法令，納錢五十萬，便可減死一等。五十萬個五銖錢，只合黃金五十斤。一輩朝貴，千金萬金多的是，五十金算什麼呢？那料司馬遷服務宮廷，官為太史，前後將近三十年，家中竟拿不出五十斤黃金來！即有愛惜他的，那敢無端送他黃金五十斤，招惹自身意外的不測呢？依照司馬遷性格，應該痛快自殺了事。但他的《史記》還沒有成書，他父親臨終遺囑，和他畢生抱負，不許他自殺。但那裏來這五十斤黃金。而武帝愛惜他，終於減死一等了。在當時，納不出五十斤黃金，還可請受腐刑，在他的〈自序〉裏，和他有名的〈報任安書〉中，對此事曾極其憤懣紆鬱的交代了。

減死一等便是受腐刑。在當時，腐刑也不算一會重大事，但遷受不了這委屈。他在〈報任安書〉中，再四憤慨地說，受腐刑的算不得是人，這是他自己一腔不平之氣在發洩。而武帝心下則不如此想。遷受了腐刑，把他替李陵開說的一番風波平息了，立刻調用他做內廷秘書長，當時官稱中書令。而且極其尊寵與信任。在武帝本愛司馬遷才情，現在他受了腐刑，不該再在宗廟任職，便立地擢用他在自己近旁，他真也算得是愛才。但在司馬遷，覺得此後的生命，完全是為續成《史記》而活著，其他一切則全不在他心下了。

他受腐刑還不到五十歲，大概此後還有十年以上的壽命吧！但他的中書令新職，使他整年隨著皇帝到處跑，沒得好閒暇。他在〈報任安書〉裏自己說：

迫賤事，卒卒無須臾之間。

又說：

腸一日而九迴，居則忽忽若有所亡，去則不知所如往。每念斯恥，汗未嘗不發背沾衣。

在這樣的心情下，他不可能享高壽。他的卒年是無法考定了。大概和武帝卒年差不遠，六十左右便死了。他臨死，《史記》仍沒有完成。全書一百三十篇，字數逾五十萬，有十篇擬定了題目，沒完全成稿的。

《史記》成為將來中國正史之鼻祖，《史記》的體例，也為歷代正史共奉的圭臬。但《史記》體例，乃司馬遷一人所特創。本來史官記載，有一定的格套。孔子《春秋》和晉代汲冢出土的戰國魏《紀年》，都沿襲這格套。司馬遷纔始破棄此格套，另創新體例。所以司馬遷雖是漢代太史令，但他的《史記》並不是正式的漢史，而是一部上起黃帝下迄當世的通史。他又說：

協厥六經異傳，整齊百家雜語。

可見他的《史記》，也並不專遵《春秋》之一經。《史記》體裁，乃是他包括融化了六經。又包括融化了六經之各種傳，以及百家之雜語。舉例言，《公羊》與《左氏》，便是《春秋》之異傳。而《史記》則兼采了《公羊》之義旨與《左氏》之事狀。又旁采了《尚書》、《詩經》，乃及《國語》、《世本》、《戰國策》、《楚漢春秋》等。不僅采摘了各書之內容，並融鑄了各書之體裁。他的《史記》，可說是匯合了他以前一切文獻著作而成書。若專就歷史著作論，則司馬遷《史記》實已遠勝於孔子之《春秋》。

但司馬遷雖自創了新體例，他的書卻也不受他自創體例之拘束。這一層，引起了將來史學上不斷的爭議。《史記》凡分本紀十二、表十、書八、世家三十、列傳七十之五類。本紀載帝系王朝之興廢，但他卻為項羽作本紀，而且題目又直稱為〈項羽本紀〉，這不是不合本紀的體例嗎？世家本是西周以來封建諸侯之國別史，但始皇以前之秦國，卻列入本紀，而且和〈秦始皇本紀〉又分裂開來各自成篇了。這且不論。他又為陳涉作世家，陳涉並無傳代，怎成為世家呢？這且再不說，他又為孔子作世家。孔子只是一私家講學的人，司馬遷何嘗不知道。他之自破其例，好像不倫不類處，正是《史記》之偉大，特見精神處。可惜後來史家，很少能了解到這一點。

說到列傳，更見他用心。他對古代人物只列伯夷為七十列傳之第一篇，但伯夷根本無詳明的史實可考！他在春秋時代特舉了管仲晏嬰，孟子嘗說過，子誠齊人也，知管仲晏子而已矣。司馬遷並不是不看重孟子。他把戰國諸子大部都包括在孟子荀卿的一篇列傳裏。而更特地推尊孟子。

西漢人極尊鄒衍，鄒衍的大量著書那時全存在。司馬遷推崇董仲舒，仲舒學術便接近鄒衍，但《史記》只把鄒衍附列於孟子。而且再三申言鄒衍不能與孔孟相比。漢人極尊黃老與申韓，但那時兩派並不同，他卻把老莊申韓同列一傳，而說申韓淵源於老莊。這些處，他確能承他父親〈論六家要旨〉的學風。而他的見識和衡量，又超過他父親。他對孔子以下百家的衡評，直到現在二千年來大體還如他意見，那他的觀察又是何等地深刻和遠到呀！

他如是湛深於六經，如是推崇於儒家，但他並不用力來寫漢代那些傳經的博士們，〈儒林傳〉不像是他喜歡寫的傳。至如許多達官貴人們，好多沒有入傳的資格。但他卻費力來寫〈貨殖傳〉與〈游俠傳〉。在當時看不起那些經商發財和作奸犯科的人，他卻有聲有色很用力來寫。甚至寫到〈刺客傳〉、〈滑稽傳〉、〈佞幸傳〉、〈日者傳〉、〈龜策傳〉。社會間形形色色，全給他活龍活現地描繪出。

因此後人批評《史記》，在其體例上，則說他疏。在其取材上，又說他好奇。但他確有極深之自負。他自己說：

> 亦欲以究天人之際，通古今之變，成一家之言。

這是史學的最高標準！以後蹈襲他的，未必盡能了解這標準。批評他的，同樣不能盡量了解這標準。連他的書只是一種私家著作的那一點，也很少人了解。所以他要說：

藏之名山，傳之其人。

因其非官書，所以可藏之名山。因其乃一家言，所以盼得其人而傳。後來的正史，便很少有這樣的精神了。

他書中尊稱其父曰太史公，他亦自稱為太史公。他死後，他的書，漸由他外甥楊惲所宣布，當時本稱《太史公書》，並不稱《史記》。直到東漢以後，漸稱此書為《史記》，而他自己，則後人仍都尊稱他為太史公。

此下三稿成於民國四十二年

司馬遷生年考

司馬遷生年向有兩說。一張守節《正義》云：太初元年，遷年四十二歲，則當生於景帝之中元五年。一司馬貞《索隱》引《博物志》，太史令茂陵顯武里大夫司馬遷，年二十八，三年六月乙卯，除六百石。此指元封三年初繼職為太史令時。依此推溯，應生於武帝建元之五年。兩說前後相差凡十年。眾家舊說，皆從《正義》。老友施君之勉獨據《索隱》，以〈報任少卿書〉，僕賴先人緒業，得待罪輦轂下二十餘年矣一條為證。張維驤〈太史公疑年考〉，已先舉此為說。然張考實多無理，不足信。我近作〈司馬遷新傳〉，仍依《正義》，循舊說。施君遠自臺南，遺書討論。因重述我取捨意見，草為斯篇。

二字與三字，古書常易譌寫〇《索隱》二十八，當係三十八之誤。四字古或作三，亦易譌寫成三字，但三字譌成三字，機會不易。王國維《觀堂集林・太史公行年考》亦云：三訛為二，乃事之常。三訛為四，則於理為遠。今考武帝時郡國豪傑徙茂陵，前後三次。一在建元二年，一在元朔二年，一在太始元年。若依《索隱》，遷生建元五年，其時尚在夏陽之龍門。元封三年已為太史令，其時早已居住茂陵之顯武里。則遷之徙茂陵，定在元朔二年。依《正義》，是年遷十九歲，翌年即出外遠遊。依《索隱》，是年遷九歲。但遷之自敘明說：

> **遷生龍門，耕牧河山之陽。**

十歲幼童，如何說耕牧河山之陽呢。這是第一證。

〈封禪書・贊〉：

> 余從巡祭天地諸神名山川而封禪焉。入壽宮，侍祠神語，究觀方士祠官之意。

考〈封禪書〉：

> 文成死明年，天子病鼎湖甚，……上郡有巫，病而鬼神下之，上召置，祠之甘泉。及病，使人問神君，神君言曰：天子無憂病，病少愈，強與我會甘泉。於是病愈，遂起幸甘泉，

病良已。大赦，置酒壽宮。神君。……非可得見，聞其言，言與人音等。時去時來，來則風肅然，居室帷中。時晝言，然常以夜。……其所語……無絕殊者，天子心獨喜。其事秘，世莫知也。

《通鑑》定其事在元狩之五年。贊語所指，即此事。若依《正義》，遷年二十八，時已為郎中，故得從巡祭天地鬼神。若依《索隱》，遷年僅十八，尚未為郎中，便無從駕巡祭之資格。這是第二證。

〈游俠傳〉：郭解家徙茂陵，其客殺人，御史大夫公孫宏議曰：解布衣，為任俠行權，以睚眦殺人，當大逆無道，遂族郭解。公孫宏為御史大夫在元朔三年，至元朔五年，任丞相。可見郭解徙家茂陵，亦定在元朔之二年。若依《正義》，是年遷十九歲，即在茂陵認識了郭解。他曾說：

吾視郭解，狀貌不及中人，言語不足採者。

若依《索隱》，公孫宏為丞相時，遷僅十二歲，尚在童年。這應在此以前便認識了郭解。而謂解貌不及中人，言語不足採，這些觀察，似乎又與十齡左右的年歲不相稱。這是第三證。

李廣自殺，在元狩之四年。遷曾見李廣，他說：

余睹李將軍，悛悛如鄙人，口不能道辭。

遷與廣相識，斷在元狩四年前。若依《正義》，元狩四年，遷年二十七。依《索隱》，遷年十七。十七歲以前的青年，也不能定說無機緣認識到李廣，但那樣的觀人於微，似乎放在過了二十以後人身上更相稱。這是第四證。

同樣的理由，遷奉使西征，從巴蜀到昆明，依《索隱》，當年二十六。繼職為太史令，當年二十八。這也未嘗不可能。若依《正義》，遷三十六奉使，三十八為太史令，似乎在年齡上更近情理些。這是第五證。

按：史公〈報任安書〉：僕今不幸，早失父母，或疑三十六喪父，不得云早。不悟早字係指自喪父下逮修書及二十年言，史公特謂在二十年前已失父母，故云早失也。又遷〈報任少卿書〉：

僕賴先人緒業，得待罪輦轂下，二十餘年矣。

依舊說諸家之考訂，〈報任安書〉應在征和之二年。施君據王靜安〈太史公行年考〉，〈報書〉在太始四年，因云若遷生景帝中五年，至武帝元朔三年為二十歲，四年二十一歲，遊歷歸為郎中，下至太始四年已三十三年，豈得云待罪輦轂下二十餘年耶？今考遷之自敘：

> 二十而南游江淮，上會稽，探禹穴，闚九疑，浮於沅湘，北涉汶泗，講業齊魯之都，觀孔子之遺風，鄉射鄒嶧，戹困鄱薛彭城，過梁楚以歸，於是遷仕為郎中。

他這一次出遊，所經歷甚廣，再看《史記》各篇，敘述到他在各地之訪問與考察，都極精詳。決非短期間所能。我們先不能判定他一年即歸，又不能判定他歸後立即為郎中。我們只能說他為郎中在遠遊西歸之後，卻不能說定在那一年。但元狩五年他二十八歲時，必然已仕為郎中了。說見第二證。循是下算至征和二年〈報任安書〉，那年遷五十五歲，前後共搭上二十八年。縱使他再早一年為郎中，也不夠作推翻《正義》的根據。若依王氏說，則〈報任安書〉，又提前了兩年，更不成問題。

據《漢書・儒林傳》：孔氏有《古文尚書》，孔安國得之，安國為諫大夫，司馬遷從安國問故。漢廷初置諫大夫，在元狩五年，那時司馬遷已仕為郎中，與安國同在宮廷，向之問故，當即其時事。若依《索隱》，遷是年僅十八，天才夙悟，不能說他無向安國問故之資格。但二說相較，仍似《正義》較近情。

董仲舒為膠西王相，在元朔五年，免歸家居，在元狩二年。仲舒家亦在茂陵，其免歸居家，依《正義》，值遷二十五歲時。遷於仲舒處獲聞《春秋》大義，亦當在此後。若依《索隱》，其時遷年僅十五，獲聞《春秋》大義，應在二十遠遊前，此亦非不可能，而仍似依《正義》說為允。

太初五年，司馬遷與壺遂等定律歷，是為太初歷。律歷天官，自古屬專家之術業。依《正義》，是年遷四十二歲。依《索隱》，是年遷三十二歲。兩說均可通，而仍似依《正義》為較允。司馬遷草創為《史記》，亦始於太初之元年。其所記載，先亦以至太初為限斷。故〈高祖功臣表序〉曰至太初，自敘云至太初而迄。遷既是一天才，三十二即著書，事非不可能。即以從事著作之年為其書內容之限斷，事更無足怪。惟若依《正義》，草創為《史記》，遷年四十二，所學已成熟。年事亦稍高，故其書預定體例即以太初為限斷，實亦較依《索隱》三十二歲之說為更允。至張維驤〈太史公疑年考〉，即定史公年四十二歲，卒於武帝後元元年，語更遠實，茲不再論。

根據上述第一第二第三證，斷當依《正義》。根據第四第五證，《索隱》、《正義》兩說俱可通，而依《正義》為較合。此外待罪輦轂下二十餘年一條，只不確說遷仕為郎中在二十一歲時，《正義》仍可通。而考之遷之學問著作與師友之關係，其與孔安國董仲舒壺遂諸人之交游，皆似據《正義》較據《索隱》為更愜。總之《索隱》、《正義》兩注必有一譌字，詳為斟酌，應該說譌在《索隱》，不譌在《正義》。所以我草寫〈司馬遷新傳〉，在沒有更新的發現以前，寧仍沿襲了眾家舊說，依據《正義》，認為《索隱》二字乃三字之譌寫。

太史公考釋

《漢書・藝文志》春秋家《太史公》百三十篇，馮商所續《太史公》七篇，《漢著記》百九十卷。《著記》者，漢室之官史，谷永所謂八世著記，久不塞除。後漢劉毅云，漢之舊典，世有注記，是也。《太史公》則司馬遷一家之私書，當與孔子《春秋》齊類，不當與《魯春秋》、《晉乘》、《楚檮杌》相例。故其書稱《太史公》，猶孟軻自稱孟子，其書因亦稱《孟子》，荀況自號荀子，故其書亦稱《荀子》云耳。

《漢書・楊敞傳》，敞子惲，惲母司馬遷女也。惲始讀外祖《太史公記》，頗為《春秋》，以材能稱。《史記・龜策傳》，褚先生曰：臣以通經術，受業博士，幸得宿衛，竊好《太史公傳》。《後漢・東平王傳》，王上疏求諸子及《太史公書》。此或稱《太史公記》，或稱《太史公傳》，或稱《太史公書》，皆非正稱。《太史公書》者，猶云諸子書，孟子老子書，若正名以稱，則應曰《孟子》、《老子》、《太史公》，不得加書字。至日記曰傳，則舉一偏以概，更非其書之本稱。《後書・范升傳》，時難者以《太史公》多引《春秋》，升又上《太史公》違戾五經謬孔子言，此始為其書之正稱矣。〈楊終傳〉，終受詔刪《太史公書》為十餘萬言，此亦隨文增列書字，不得據謂其書之本稱。至《史記》之名，梁玉繩謂當起於叔皮父子，觀《漢書・五行志》及《後書・班彪傳》可見。其說殆是也。

然則遷又何以自稱為太史公？考其〈自序〉，蓋本以稱其父。〈自序〉之言曰：

喜生談，談為太史公，……太史公仕於建元元封之間，……太史公既掌天官，不治民，有子曰遷，……仕為郎中，奉使西征，……還報命，是歲，天子始建漢家之封，而太史公留滯周南，不得與從事，故發憤且卒，而子遷適使反，見父於河洛之間。太史公執遷手而泣，曰：予先，周室之太史也。……後世中衰，絕於予乎！汝復為太史，則續吾祖矣。今天子接千歲之統，封泰山，而余不得從行，是命也。……余死，汝必為太史，為太史，無忘吾所欲論著矣。……余為太史，而弗論載，廢天下之史文，余甚懼焉，汝其念哉！遷俯首流涕曰：小子不敏，請悉論先人所次舊聞，弗敢闕。卒三歲，而遷為太史令。

按《漢書・百官公卿表》，太史令，六百石。《集解》、《索隱》引茂陵書，談以太史丞為太史令。又《索隱》引《博物志》，太史令茂陵顯武里大夫司馬遷，年二十八，三年六月乙卯，除六百石。《漢書・李陵傳》，亦言太史令司馬遷。覈此諸證，談為太史令，遷襲父職，史文確鑿，無可疑者。太史令簡稱則曰太史，不曰太史公。

〈武帝紀〉，天子郊雍，有司與太史公祠官寬舒等議。〈封禪書〉亦言，有司與太史公祠官寬舒議。又太史公祠官寬舒等曰。《漢志》太史公皆作太史令談。錢大昕曰：遷不著名，為父諱也。其說甚是。而虞喜《志林》，謂古者主天官皆上公。自周至漢，其職轉卑，然朝會坐位，猶居公上，尊天之道，其官屬仍以舊名，尊而稱公。如淳引衛宏《漢儀注》，謂太史公，武帝置，位在丞相上，天下郡國計書，先上太史公，副上丞相，語皆不足信。即證之遷〈報任安書〉，亦謂：

> 僕之先人，非有剖符丹書之功，文史星曆，近乎卜祝之間，固主上所戲弄，倡優畜之，流俗之所輕也。

又曰：

> 鄉者僕亦嘗廁下大夫之列，陪外廷末議。

此自述父子為太史令時官階職任，語甚顯白，安有如虞喜衛宏之所云云耶？

遷之尊稱其父曰太史公，又見於〈報任少卿書〉首句，曰：太史公牛馬走司馬遷再拜言。李善曰：太史公，遷父談也。走猶僕也。言己為太史公掌牛馬之僕，自謙之辭也。姚鼐曰：公乃令之誤。稱太史令，猶後人之列銜。稱牛馬走，猶後人稱僕稱弟之類。然古人書牘，固無自列官銜之例。且班書明云，遷既被刑之後，為中書令。故人任安予遷書云云。遷書亦自言之，曰：

鄉者僕亦嘗廁下大夫之列，陪外廷末議，不以此時引維綱，盡思慮，今已虧形，為掃除之隸，在闒茸之中。

是遷〈報書〉時為中書令，不為太史令，姚說進退失據。故知此處太史公三字，尊稱其父，當如李善之說。然何以與友人書而自稱為父僕，此義誠費解。故班書存錄此文，獨削去其首句太史公牛馬走六字。顧不知此六字，乃遷此文最要用意之所在，非偶爾浮文也。請試粗陳其大意。

蓋遷之發憤為《史記》，由於其父臨終之末命。談為太史令，主天官，職比卜祝，禮官大夫，而朝廷封禪盛典，顧擯不預。〈封禪書〉謂：武帝初與諸儒議封事，命草其儀，及且封，盡罷諸儒不用。蓋談之留滯周南者以此，其臨死而命其子無忘吾所欲論著者亦在此。故遷之〈自序〉曰：

> 余嘗掌其官，廢明聖盛德不載，滅功臣世家賢大夫之業不述，墮先人所言，罪莫大焉。於是論次其文，七年，而遭李陵之禍，幽於縲紲，乃喟然而歎曰：是余之罪也夫，是余之罪也夫。

是遷之作《史記》，明由其父之遺命。及遭罪下獄，所以隱忍不死，亦僅欲以完成其父之遺志云爾。故曰：

> 草創未就，適會此禍，惜其不成，是以就極刑而無慍色也。

顧遷之〈報任安書〉，所以極憤慨激宕之情辭，而迴環紆鬱，成為千古之至文者，蓋猶有其一段不獲暢言之隱痛，而不幸未為後人所抉發。蓋遷之進辭而獲罪，武帝雖一時疑怒其沮貳師，袒李陵，而亦未嘗不愛其才。久而識其忠，諒其直，隱且欲大用之。故雖論遷以死罪，而復許其自贖。而其間曲折，乃不幸為史書所不詳。考漢制，死罪許贖免，始見〈惠帝紀〉及〈淮南傳〉。其次即在武帝時。《漢紀》：天漢四年，秋九月。令死罪入贖錢五十萬，減死一等。又太始二年，秋九月，募死罪人贖錢五十萬，減死一等。此兩事文同年近，蓋重出。據〈蕭望之傳〉引，此令當定在天漢之四年。而李陵降匈奴，在天漢二年冬，其軍人有脫至邊塞者，邊塞以聞，群臣爭言陵罪，武帝始以其事問遷。疑遷盛言陵之不死，宜欲得當以報，其事當已在天漢之三年。故遷之〈自序〉曰：遷為太史令五年而當太初元年，又七年而遭李陵之禍，幽於縲紲，自太初元年下七年，正天漢之三年也。然不久，武帝即悔陵之無救，又遣使勞賜陵餘軍得脫者，疑是年遷未必即判罪。時李陵家屬亦下獄，固亦未定罪也。翌年天漢四年，春，武帝又大發兵擊匈奴，並命公孫敖深入迎陵。是武帝其時尚以遷言為信。及敖軍無功還，因曰，捕得生口，言李陵教單于為兵，以備漢軍，故臣無所得。於是武帝遂族陵之家屬。疑遷得死罪，亦在其同時。則遷前後繫獄時必久，若下獄即腐刑，其〈自序〉不曰幽縲紲，〈報任安書〉，亦無所謂積威約之漸矣。而不久聞教單于者，乃李緒，非李陵，陵亦使人刺殺緒。武帝於時殆復內悔，疑遷之獲免於死當因此。則天漢四年秋出五十萬減死一等之令，殆為遷而發也。荀悅《前漢紀》，敘下遷腐刑於族陵家屬後，較班氏為密矣。而仍敘陵刺殺李緒事於後則仍未盡。又敘公孫敖深入匈奴更在後，則更失之。要之書缺有間，已不可詳定。而此之所疑，則實有可得而微論者。

又〈武紀〉，翌年，太始元年春正月，因杅將軍公孫敖坐妻為巫蠱腰斬。據〈衛霍傳〉：敖擊匈奴至余吾，亡士多，下吏當斬，詐死亡，居民間五六歲，後覺復繫，坐妻為巫蠱族。巫蠱事在征和之二年，而公孫敖之下吏當斬，則在太始元年春，其罪名為亡士多。殆武帝內憾於誤聽敖流言族陵之家屬，而又不明襮敖罪狀，乃以亡士多斬之。則遷之獲免死，下蠶室，亦在天漢太始間，正可據敖之下吏當斬而旁推矣。

且遷之判死罪，於其〈報任安書〉，已明白有證驗。其〈書〉曰：

> 明主不深曉，以為僕沮貳師而為李陵游說，遂下獄。拳拳之忠，終不能自列，因為誣上，卒從吏議。

是遷所坐為誣罔罪。《漢書．李陵傳》又明言之，曰：

> 上以遷誣罔，欲沮貳師，而為陵遊說，下遷腐刑。

此遷下獄後判得誣罔罪，確無可疑者。今考〈杜延年傳〉有云：誣罔罪皆坐大辟。如〈武紀〉，元鼎元年，樂大即坐誣罔罪腰斬。又〈雋不疑傳〉，夏陽人成方遂，詐稱衛太子，誣罔不道，腰斬。〈李尋傳〉誣罔不道，皆伏誅。〈外戚恩澤侯表〉，朱博建平二年坐誣罔自殺，王嘉元壽元年罔上下獄瘐死。〈百官公卿表〉始元元年，司隸校尉李仲季主為廷尉，坐誣罔，下獄棄市。此皆漢律誣罔當死之實例。吏議遷既坐誣罔，其當死不待論。故遷書又言之，曰：

> 家貧，貨賂不足以自贖，交游莫救視，左右親近不為一言。

考之漢律，惟死罪有贖免。《漢書・蕭望之傳》，張敞上書，請諸有罪得入穀贖，為朝議所反對。蕭望之曰：如此則富者得生，貧者獨死，是貧富異刑而法不一。聞天漢四年常使人死罪入五十萬錢減死一等，豪強吏民請託假貸，至為盜賊以贖罪，此使死罪贖之敗也。遂不施敞議。是宣帝時死罪許贖已久不行。若死罪以下，西漢固無贖免之先例。故張敞亦無以自堅其所主。則遷之所謂家貧不足以自贖，指死罪，不指腐刑，又斷然矣。《文選》唐五臣呂向注云：漢制，死罪許納百金贖。此語不詳其何據。然固明知遷之所謂自贖者，指死罪，不指腐刑。古注所以為可貴也。

抑且遷〈書〉又明言之，曰：

> 假令僕伏法受誅，若九牛亡一毛，與螻蟻何以異，而世俗又不能與死節者次比，特以為智窮罪極，不能自免，卒就死耳。

果非死罪，何以曰伏法受誅乎？又按宣帝后父許廣漢，亦以腐刑減死一等，推其年歲，正與遷略同時，或亦援天漢四年令。然則遷之以是年自請腐刑免死，殆近是。而《漢書・李陵傳》，僅言下遷腐刑，又敘其事於遣因杅將軍公孫敖深入匈奴迎陵事之前，此乃史文省略，舉其竟而言，舊史如此等例者甚多，似不宜一一盡拘也。

又按漢制以腐刑免死，其事始見於景帝之中四年，作陽陵，赦死罪，欲腐者許之。及東漢尤屢見。光武二十八、三十一年，明帝八年，迭有死罪募下蠶室令。章帝十年詔，犯殊死，一切募下蠶室，其女子宮。贖死罪，入縑二十匹。班固且有其罪次於古當生，今觸死者，皆可募行肉刑之議。此肉刑即指腐刑言。〈外戚傳〉，許廣漢下獄當死，有詔募下蠶室。視此諸例，募下蠶室，不復須贖金。《鹽鐵論・周秦》篇有云：今無行之人，一旦下蠶室，創未愈，宿衛人主，出入宮殿，得由受奉祿，食太官享賜，身以尊榮，妻子獲其饒云，是漢制，腐刑不僅免死，又得侍衛宮廷也。遷之下蠶室，免死罪，乃由其終無以自贖，乃自乞腐刑以免死，大體可推。故其書於〈貨殖〉、〈游俠〉諸傳，特深致其往復低徊不能已之情。而一言及於腐刑，則益增其憤懣鬱結，蓋誠有不欲究言之隱痛。而後世讀其書者，竟不幸漫忽而不省。今特詳為抉發，亦以見當時一朝之法制，與夫遷受刑之曲折，必如是而庶可以進窺〈報任安書〉之微旨，及其言外之深意，而篇首之六字，乃有可得而說者。

蓋腐刑之在古代，初未見為甚辱。趙高為秦宦者，為中車府令，行符璽事。嗣為郎中令，任用事。遷受宮刑，為中書令，班書亦稱其尊寵任職。時士流為郎者，亦同在內廷，與宦者未甚分品。郎中令中書令皆職分清要，故任安遺書，責以推賢進士，固不以受宮刑加鄙恥。而遷之〈報書〉，則別有其衷曲。彼固不以免一死為幸，更不以任顯職為榮，其書中獨反復極言受宮刑之為奇恥大辱，若不得復比齒於人數。此蓋自抱憤鬱之激辭。而後世不深曉，遂深鄙宦者，若自古而固然，而不知其實亦由遷此書而始也。而遷之所以如此，則特以深洩其自乞宮刑而幸免於一死之憤慨，深見其所以自乞宮刑而求免於死者，其用意特在於史書之未成，父命之未就。故於篇首又特舉太史公牛馬走六字，亦所以深白其偷生忍辱之隱衷。此遷已自言之，曰：

所以隱忍苟活，幽於糞土之中而不辭者，恨私心有所不盡，鄙陋沒世而文采不表於後世也。

讀者由是求之，乃可以窺見此書之作意，而太史公一書之為私家著述，又可繼此而復論。

遷〈報任安書〉中列舉文王仲尼屈原左丘孫臏不韋韓非諸人，其書，皆私家著述也。故曰：

僕誠已著此書，藏之名山，傳之其人，通邑大都，則僕償前辱之責，雖萬被戮，豈有悔哉？

此已明說其書為私家之述作，而豈史官注記之謂乎？若其書為官史，則遷既續父職，責任所在，無所逃卸，何以其父臨終遺命，乃曰無忘吾所欲論著，而遷亦曰：小子不敏，請悉論先人所次舊聞乎！即此可知記注為官史，而論著乃家言，體例判然，斷非一事矣。故遷之為此書，實不因其任史官，其書亦不列於官府，故曰：藏之名山，傳之其人，則其書義法，自不限於官史之成制。

故曰：

亦欲以究天人之際，通古今之變，成一家之言也。

此所謂家言者，正以明其非官書。官書者，《漢志》謂之王官之學，家言乃《漢志》所謂百家九流。此乃古人著書之大例，而後世昧其辨。然亦必先明於《史記》之為家言非官史，而後遷書之自稱為太史公者，乃可以得而明。

蓋古者私家著述，無不自居於尊號。自孔門《論語》稱孔子，後人遞相傳襲，忘其本初，因若當然。《白虎通》云：子者，丈夫之通稱。馬融趙岐亦皆謂子者男子之通稱。然此皆後漢人之云耳。昔者孔子弟子謂其師賢於堯舜，謂自生民以來所未有，甯有記述其師遺訓，顧以男子通稱稱之？試讀《左氏傳》，則子者當時小國諸侯及列國賢卿大夫始稱之，此乃王朝尊爵，何嘗為凡夫之通稱哉？遷以太史公尊其父，既仍襲父職，又其著書，自擬於孔子之《春秋》，亦欲成一家之言，故復以太史公之號自尊，此乃先秦家學著書慣例，而後世勿知者，蓋家學之微，固自遷時而然矣。

桓譚《新論》謂太史公書成，示東方朔，朔為平定，因署其下太史公者，皆朔所加。不知《太史公書》，遷死後始稍出，宣帝時始宣布，朔安得先見？韋昭謂《史記》稱遷為太史公，是其外甥楊惲所加。然一部《史記》，遷自稱太史公處，何勝縷舉？若盡惲所加，試一一抹去，勢將不復成文理。知韋說亦臆測。衛宏以太史公為武帝時官名，已辨於前。而孔融告高密縣有云：昔太史公，廷尉吳公，謁者僕射鄧公，皆漢之名臣，世嘉其高，皆悉稱公。不悟吳公不稱廷尉公，鄧公不稱僕射公，太史公不稱司馬公，豈得一例為說？若謂世嘉其高，乃因其所自尊而尊之，故孟軻終稱孟子，馬遷終稱太史公，始差髣髴。錢大昕又謂太史公以官名書，不悟以官名書則當稱太史令，不當稱太史公，而況遷書之明明為私家著述乎？近儒李慈銘則曰：太史公自是當時官府通稱，非官名，亦非尊加，如後世之稱太史氏，非有此官名也。流俗相沿，如晉之中令稱令君，唐之御史稱端公，不必以其尊官。不悟晉唐俗稱，未可以例先漢。抑且太史公若果當時官府通稱，遷不當以官府通稱稱其父，漫無所尊異。凡此皆不明《史記》乃私家著作，而古代家言，例有自尊之稱號，故左右曲說，而終不獲其正義。惟褚少孫補《史記》，自稱褚先生，殆為猶知太史公稱號之微旨者。

昔孔子作《春秋》，而曰《春秋》者，天子之事，知我者其惟《春秋》乎？罪我者其惟《春秋》乎？又曰：其文則史，其義則丘竊取之矣。下逮漢世，《春秋》列六藝，而《論語》入小學。蓋古者王官之學，其體莫尊於史，在漢季惟劉歆通其意，後代惟章學誠知其說。故以家言而上替官學，其事亦莫大於著史。而自孔子以下，若左丘明鐸椒虞卿呂不韋陸賈之徒，雖襲響蹈影，而終無當其實。即董仲舒亦復爾。自非遷之卓卓，《春秋》淵微，幾乎湮絕。班氏斷代為史，遂以私家著述，成為官史之正宗，其貌猶規模乎龍門，而其神已違離乎孔馬。陳壽益卑卑，范蔚宗庶所謂心知其意者。繼此而往，更無足論。獨有宋歐陽修為《新五代史》，始欲遠有所追蹤，而後世終弗能繼。章學誠《文史通義》遂成千載一眼，而僅亦規規於方志，才情意氣，不足以自赴其所識。繼今而往，誰為勝此絕學之重光乎？因論《太史公書》體例，不禁有天地悠悠之慨。

清儒包世臣論遷〈報任安書〉，自謂獨探秘奧，謂：

> 推賢進士，非少卿來書中語，史公諱少卿求援，故以四字約來書之意，而斥少卿為天下豪雋以表其冤。中間述李陵事，明與陵非素相善，尚力為引救，況少卿有許死之誼乎？實緣自被刑後，所為不死者，以《史記》未成之故。是史公之身，乃《史記》之身，非史公所得自私。史公可為少卿死，而《史記》必不能為少卿廢也。結以死日是非乃定，則史公與少卿所共者，以廣少卿而釋其私憾。是故文瀾雖壯，而滴水歸源，一線相生，字字皆有歸著也。

今按：任安獲罪，因巫蠱之獄，時安為北軍使者，坐受戾太子節，當腰斬，而班書稱故人益州刺史任安予遷書云云，似安通書在其獲罪前，包氏臆測未知果信否，然其言亦足發明書首太史公牛馬走六字之用意，爰附著於此，備一說焉。

余夙愛誦司馬遷〈報任安書〉，去秋某夜，偶於枕上憶誦，忽悟藏之名山傳之其人兩語，因牽連悟及其時遷已為中書令，篇首太史公三字必指其父，遂又悟及家貧不足以自贖，當係指死罪。是夜思緒潮起，踴躍興奮，幾乎通宵不寐。翌晨。冗務脞集，又因手邊無書，因循未能屬草。然凡此諸端，時時往來於心中。至今年春，偶捉暇成此稿，然苦乏書籍，即王先謙《漢書補注》，亦從人借閱，而僅得其半部。稿成兩月，又有疑，重借《漢書補注・武帝本紀》一卷，而〈司馬遷傳〉早已繳回。近人著作，如王國維〈太史公行年考〉等，均未參究。然犖犖大端，自信發前人所未發，抑多班固荀悅所未詳。而《太史公書》乃家言，非官學，實為此篇最大創見，其關於中國史學史之貢獻者甚大，惜乎限於行文體裁，不能於此多所闡論，容後當再更端暢言之。四十二年五月再定稿後又記。

劉向《列女傳》中所見之中國道德精神

予曾撰〈論春秋時代人之道德精神〉篇，此篇則專拈劉向《列女傳》，取與前文相闡證。

宗教家信仰在人生世界外另有一世界，而此世界又非自然界。宗教家認為人生界乃由此一世界降生，又須回到此一世界歸宿。中國古人似無此信仰。因認人生只限此一世界。縱信人死有鬼，鬼世界則僅為人世界之延長或餘波。故孔子曰：不知生，焉知死。莊子曰：善我生者乃所以善我死。死生一貫之說，為儒道兩家之所同。而中國人道德精神之發揮，則為儒家所獨擅。我所謂中國人之道德精神，亦可謂是一種善我生之精神也。何以善我生？莫要在使心安。但換辭言之，亦可謂善我死即所以善我生。因死之一剎那，同時仍即是生之一剎那。若使我在此死之一剎那間心得安，豈非善我死仍是善我生乎？若使此一剎那間心得安，此一剎那後我心更無不安。是此一剎那之心安，即是使我畢生心安也。故曰善我死即是善我生，死生一以貫之，此即中國人最深至之一種道德精神也。

抑且自個人言，我之死，我之生命已終。而自大群言，則人類生命固依然尚在。人之心，亦猶如我之心。我之死，我心雖無知，人之心則猶有知。若使人之生者視我之死而覺其為不可安，此則仍是我心之未得其所真安也。故不善其死而死，仍不可認為得心安。人固不可以苟生，亦不可以苟死。孔子曰：朝聞道，夕死可矣。若生不聞道，是苟生也。若死未當道，是苟死也。中國人之道德精神，固不有死生之別，亦曰求吾心之所安而已。則亦曰求我行之不苟而已。

此種精神，固可由學者作甚深之講究。然此種行為，則並非由學者講究而來。愚夫愚婦，與知能行，故曰此道乃大道，此德乃同德也。我前述春秋時代人之道德精神，首先著眼於死生之際，今試再就《列女傳》中此等事略論之。

一　魯秋潔妻

此即近代相傳秋胡戲妻之故事也。此一故事，在中國社會流傳已逾兩千年，今仍保留於戲劇中，可謂深入人心。在當時，秋潔妻以一死覓心安，而直至近代，吾人對此故事，仍為之低徊流連，感嘆欣賞而不置，此所謂於吾心有戚戚也。否則匹夫匹婦，自經於溝瀆之間者不少矣，何秋潔妻之獨不朽而常在耶？

此故事大略謂秋胡子納妻五日而去之官。五年乃歸，路見婦人採桑，秋胡子悅之，下車休桑蔭下餐，且解齎中金，欲納之婦，婦拒不納。秋胡子至家，奉金遺母，喚其妻出，乃向採桑婦也。秋胡子大慚。其妻責以大義，遂離去，投河而死。

此故事，若就近代風俗言，似有不可解者。然當知風俗變，道德行為可以隨而變，而人類之道德心情與道德原理則並無變。古書載異俗有父母死，掛屍林間，令飛鳥啄食之盡，則死者可升天。以今論之，此若大愚。然當知道德無愚智。若略跡論心，懸屍林間，其心亦求死者之升天，此亦一種孝心也。人子之孝其親，其心乃出於天賦，無間智愚。惟文化漸開，智識漸通，風俗轉移，所為亦變。然亦求能善達此心而已，非有他也。故道德論居心。居心既同，則不得異俗相訾矣。

中國古代，男女婚嫁，不經當事人之自由，然固不得謂當時夫婦間遂無情愛可言也。潔妻嫁夫五日而其夫外出，守之五年，桑織以養姑，其心固日夜盼其夫之早歸。今秋胡子之歸，乃忘其妻而悅及路旁之桑婦，其妻之心傷為何如乎？

或曰：夫苟不良，何不改嫁？在當時，亦並非無改嫁之俗。潔妻之去，曰：妾不忍見子之改娶，然妾亦不嫁。諒秋胡子在當時，何嘗不指天為誓，自申無他意，以求妻之恕己。抑且秋胡子見桑婦而悅之，心雖不知是其妻，然其心所悅，則確是其妻也。人逢所悅，又知適是其妻，豈不更可悅乎。然秋胡子終不免知是其妻而心生慚疚者，以彼當時所悅，在彼心中，固謂是一路旁婦人也。新婚乍別，已五年矣。方其歸，乃悅及路旁之婦人，此為心忘其妻矣。則宜乎秋胡子之見其妻而心慚不安也。此一心慚，亦即是一種道德心情矣。

潔妻待其夫五年，行路一男人，悅其貌而獻之金，其心曾不為動，其心中則僅知有夫耳。及知行路悅己者實即己夫，若僅就事論，豈非夫之所悅即是己之自身乎？然若就心論之，在潔妻心中，此五年來，固已若不知有己，而僅認己身為秋胡子之妻矣。今秋胡子，乃悅一路旁婦人，非悅己妻也。此非潔妻之心之所能受。故論中國人之道德精神者，必於其內心求之，必於其內心之所深切想望期向者求之。中國人既重視此心，乃始有所謂誅心之論。潔妻之責其夫，亦一種誅心之論也。中國人又有所謂名分觀，當知名分亦非外在，乃在於認肯此名分者之內心。

古語相傳，忠臣不事二君，烈女不事二夫。今人不深求其旨義，遂若道德即由名分而起，亦為名分所規定。然若就當事人之內心真情言，則有甚不然者。屈子〈離騷〉，每以男女之情擬君臣，夫亦以兩者之間則誠有其相似耳。屈子在當時，亦何嘗不可去而之齊之趙，而何必憔悴抑鬱，終以沈湘自殺乎？曰：此乃屈原之自無奈其一番對君之至忠，正猶如潔妻之自無奈其一番對夫之至情也。《詩》有之曰：我心匪石，不可轉也。彼兩人既已一往情深，一旦欲其取消己心，其所感之苦痛，乃有甚於取消己生之所受，故遂不惜一死以覓心安也。而後世人之感慨欣賞於此兩人者，夫亦曰至性真情，自有同感耳。此非宗教，非法律，更非風俗習染，而豈得謂有一人焉，定此名分，制此禮教，而強人以必從乎？故遇此等事，實非謂之為是一種道德精神而不可。

然此所謂人之真性至情者，亦不如近人所言之理性，復不如近人所言之感情，此乃人類行為之全心而發，而誠見其有不可以已者。又推之人人之心，而復見其有所同然者。故以謂之人類之性情。惟同有此性情，不必同有此行為，故其至性真情之流露而表達之於行為者，遂謂之是一種道德精神也。

二　京師節女

此故事在西漢。其夫有讎，欲報其夫而不得間。聞女仁孝，乃劫其父，使強女為譎。女不聽，則殺父。聽之，則殺夫。計惟以身當。乃佯許諾，曰：旦日，在樓上，新沐東首臥者，則是矣，當開戶牖以待。還，使其夫臥他所，自沐居樓，東首開戶牖而臥。夜半，讎家至，斷其頭持去。明而視之，則其妻之頭也。讎人哀痛之以為有義，遂釋其夫不殺。

此故事乃與清代吳鳳之故事絕相類。吳鳳閩人，僑居臺灣，為漢人與高山族人作通譯。高山族人絕敬愛之。高山族祖俗相傳，每年必獵人頭以祭。吳鳳戒勸之，謂汝曹所獵人頭尚多，年祭一頭，可勿再殺人。高山族聽其勸，四十餘年不殺人，而舊所獵人頭已盡，欲復殺，告吳鳳。鳳苦勸不可，乃曰：誠不得已，於某日黎晨，見有蒙紅巾行某道上者可殺，餘則慎勿殺。高山族人許之。時吳鳳年已七十餘，蒙紅巾，夜出某道，矢蝟集而死。高山族人取其頭，乃知鳳也，大悲慟。自是獵頭之風遂絕。至今臺中嘉義有廟祀吳鳳。余初履臺，臺人稱道鳳，親往其廟拜焉。

是西漢京師節女之身雖死，其一段至性真情，實為人類所共有，機緣觸發，仍得復演。吳鳳之所欲救，與此節女，公私雖異，其心則一。鳳之死，正如節女之復活。此心不死，則此一番道德精神即常在天壤間。此兩人，平日皆非誦詩書，論仁義，講道德。一在天之角，一在海之涯，相距兩千載，而居心行事有暗合焉，此真所謂易地則皆然也。故曰人類之道德精神，實自人類天賦之至性真情中來也。

三　郃陽友娣

此亦漢代事。其兄與其夫為爭葬父事，其夫與友某陰殺其兄。友獨坐死，夫會赦免，以告妻。妻曰：嘻！今乃語我乎！問所與共殺兄者。曰……已死，我獨當之。汝殺我而已。曰：殺夫不義，事兄之讎亦不義。夫曰：吾不敢留汝，願盡家中財物，聽汝所之。妻曰：與子同枕席，而使殺吾兄，兄死又讎不報，何面目復生。其夫慚而去。友娣有三子女，告其長女曰：汝父殺吾兄，義不可留，又終不復嫁矣。吾死，汝善視兩弟。遂自經。

美國心理學家詹姆士嘗謂人類有軟心腸硬心腸之別。中國古人所謂惻隱之心，不忍人之心，之一種仁心，即詹氏所謂軟心腸之類也。友娣不忍其兄之見殺，又不忍手刃其夫，復不忍去夫再嫁，乃終至於忍棄其三子女而自盡。故中國人之道德精神，乃多於仁至中求義盡，亦可謂是一種軟心腸之道德也。孔子曰：仁者必有勇。若謂軟心腸即是弱者，是僅求義盡，不務仁至，而所謂義者亦非義矣。

四　代趙夫人

趙簡子女，襄子姊，代王夫人。簡子既葬，未除服。襄子誘代王，使廚人持斗行斟，擊殺之。因舉兵平代地，而迎其姊。其姊曰：以弟慢夫，非義。以夫怨弟，非仁。吾不敢怨，然將奚歸！遂磨笄自殺。此與郃陽友娣事有相類，亦可謂於仁至中求義盡也。

五　魯義姑姊

魯義姑姊者，魯野之婦人也。此事當在春秋時。齊攻魯，至郊，望見婦人抱一兒，攜一兒，軍且及，棄所抱，抱所攜而走。齊將追及而問之，曰：所抱，妾兄之子。所棄，妾之子也。力不能兩獲，故棄之。曰：母子之親，痛甚於心，何釋己子而反抱兄之子？曰：己之子，私愛也。兄之子，公義也。背公義，嚮私愛，幸而得幸，國人不吾與也。子雖痛，獨謂義何！齊將為之按兵不攻魯。

余述中國道德精神，多舉死生之際。良以道德者，遇難處事，貴能自我犧牲。自殺，則自我犧牲最極端之例也。獨此事則難之尤難。以一母攜兩兒，若自殺，則兩兒皆不保。棄己子，全兄子，較自殺為尤難矣。中國人最重家庭道德，然當於此等處深細闡究，可悟家庭道德實非出於人類之私心。若僅知以私心關顧家庭，此可謂知有家庭，不可謂便知有道德也。

六　齊義繼母

齊宣王時，有人鬥死於道，被一創。二子兄弟立其傍。吏訊之，兄弟爭自承。吏不能決，言於相。相不能決，言於王。王曰：皆赦之，是縱有罪。皆殺之，是誅無辜。其母當知子善惡，試召問之，聽其所欲殺活。母泣而對曰：殺其少者。相曰：少子，人之所愛。今欲殺之，何也？曰：少者，妾之子。長者，前妻之子也。其父疾且死，屬之於妾。曰：善養視之。妾曰諾。今既受人之託，許人以諾，豈可以不信！且殺兄活弟，是以私愛廢公義也。子雖痛，獨謂行何！泣下沾襟。相入言於王，皆赦不殺。

兄弟爭死，在中國社會為屢見。如春秋時之衛二子，如東漢孔融兄弟，皆是也。抑義繼母之難處，又對其已死之夫有不忍之心焉。其夫臨死託孤，非曰愛其兄不愛其弟也。弟有母，兄則無，故以為託耳。今既不兩全，死弟存兄，此亦一種自我犧牲矣。兄弟名分有異，此亦義繼母之借以自慰耳。苟使己子為兄，前妻子為弟，諒義繼母亦不憑此全己子，此亦所謂於仁至中求義盡也。

七　魏節乳母

秦亡魏，殺魏王及諸公子。獨一公子不得，節乳母匿之。秦令，得公子者賞千鎰，匿之者罪至夷。一故臣識乳母而疑焉。乳母抱公子逃於深澤之中，故臣以告秦軍，秦軍追見，爭射之，乳母以身為公子蔽，矢著身者數十，與公子俱死。

此事與杵臼程嬰救趙孤有相似。惟二臣有智謀，卒全趙孤，興趙宗。節乳母以一婦人，無可為計，終以身殉。道德惟問一心，固不論志業之成敗也。

八　梁節姑姊

梁節姑姊者，家屋失火，兄子與己子在火中。欲取兄子，輒得其子，獨不得兄子。火盛不得復入，節姑姊將自趣火。或止之，曰：爾本欲取兄之子，惶恐卒誤得爾子，中心謂何，何至自赴火。節姑姊曰：梁國豈可戶告人曉。被不義之名，何面目見兄弟國人！遂赴火而死。

昔孟子有可以死可以無死之辨，可見當戰國時，尚義輕死之風已盛，故孟子及之。若梁節姑姊之事，是亦可以無死者。然其慕義強行，要可以風末俗，起懦志。近人好持高論，則此亦所謂禮教喫人也。唐昌黎韓氏慨乎言之，曰小人之好議論，不樂成人之美有如是。所謂欲加之罪，何患無辭也。

九　陳寡孝婦

此事在漢文帝時。孝婦十六而嫁，未有子，其夫當行戍，囑孝婦曰：我生死未可知，幸有老母，無他兄弟，我不還，汝肯養吾母乎？婦諾之。夫果死不還，婦養姑不衰。居喪三年，其父母哀其無子早寡，欲取而嫁之。孝婦曰：夫且行，屬妾以其老母。既許之，受人之託，豈可棄哉！養其姑二十八年，姑死，淮陽太守以聞，文帝美其行，賜之黃金四十斤，復之終身，號曰孝婦。

此後世中國節孝婦之先例也。在當時，尚無夫死不嫁之俗。孝婦深愛其夫，不忍死而背之，守節不嫁，養姑二十八年，其本心亦發於對夫之深愛耳。然較之一死以求心安者，其事為更難矣。漢廷高其義，美其行，而加之以褒賞，此亦無可議者。後世俗薄，強女子以守節，此固不當。然有出於至情真愛者，亦何得一并譏之乎？

十　梁寡高行

此事當在戰國。梁寡婦榮於色，夫死不嫁。梁貴人多欲爭娶，不能得。梁王聞之，使相聘焉。婦曰：貴人多求妾者，幸而得免。今王又重之。妾聞念忘死而趨生，是不信也。貴而忘賤，是不貞也。棄義從利，無以為人。乃援鏡持刀割其鼻，曰：王之求妾，以其色也。今刑餘之人，殆可釋矣。相以報，大其義，高其行，乃復其身，尊其號曰高行君子。

此事遠在陳寡孝婦前數百年。中國人不忍背死之心，無論君臣夫婦朋友，其事不絕書於史。蓋中國人心理，常視死生如一。故在己往往不惜一死，而對人則往往雖死不背。苟其心中長有夫，則改嫁之事，將為苦不為樂。當時固無守寡之禮，則若梁寡高行者，夫亦自求其心之安而已。梁君初慕其色，終大其義，此亦人心之不能無感動，而豈設為禮教以存心喫人殺人之謂哉。

十一　魯寡陶嬰

此事當猶在梁寡高行之前。陶嬰者，魯陶門之女，少寡，養幼孤，紡織為產。魯人或聞其義，將求焉。嬰聞之，作歌明己之不更二也。其歌曰：黃鵠之早寡兮，七年不雙。鵷頸獨宿兮，不與眾同。夜半悲鳴，想其故雄。天命早寡兮，獨宿何傷。寡婦念此兮，泣下數行。嗚呼哀哉兮，死者不可忘。飛鳥尚然兮，況於貞良。雖有賢匹兮，終不重行。

此故事更簡單，僅是魯有一陶門女守寡不嫁而已。歌詩或出好事者代詠，然死者不可忘一語，實道出此種道德精神之真源。人苟能重視己心，己心又誠不忘死者，則死者雖死猶生也。故宗教必重神重天，而道德必重己重心。此心豈在遠，亦反求而得之矣。中國古人，蓋因識得此心，種種道德，皆由此心流出，而豈一家之言可以說服人，強人以必從，迫人以難能，陷人於死地，困人於絕境，而能使人從之莫悔耶？抑凡此所舉，亦皆閭巷之眾，匹婦之愚之所為，亦豈沈溺於一家孤至之高論而不知返者耶？故講究中國人之道德精神，亦貴乎就往事之實，而反求己心之安，而不貴為甚深之高論，以求絕俗而特出之乃始為道德也。

又按：《三國志・曹爽傳》注引皇甫謐《烈女傳》，記曹爽從弟文叔，妻譙郡夏侯文寧之女，名令女。文叔早死，服闋，自以年少無子，恐家必嫁己，乃斷髮以為信。後家果欲嫁之，令女聞，即復以刀截兩耳。居止常依爽。及爽被誅，曹氏盡死，令女叔父上書，與曹氏絕婚，彊迎令女歸。時文寧為梁相，憐其少執義，又曹氏無遺類，冀其意沮，乃微使人諷之。令女歎且泣，曰：吾亦思之，許之是也。家以為信，防少懈。令女竊入寢室，以刀斷鼻，蒙被而臥。其母呼與語，不應。

發被視之，血流滿床席。舉家為之酸鼻。或謂之曰：人生世間，如輕塵棲弱草耳，何至辛苦乃爾。且夫家夷滅已盡，守此欲誰為哉！令女曰：聞仁者不以盛衰改節，義者不以存亡易心。曹氏前盛之時，尚欲保終，況今衰亡，何忍棄之！司馬宣王聞而嘉之，聽使乞子字養，為曹氏後，名顯於世。

今按：夏侯令女之事，當魏晉之際，所謂天地閉，賢人隱之時也。且當時本無夫死守節之俗，即令女亦自知，家人必迫之再嫁，斷髮之後，繼以截耳以自守。此其心，亦惟不忘故夫，有其一段無奈己乎之深愛而已。及曹氏族滅，夏侯氏家門尚鼎盛，其父母家人，尚欲望其再嫁，而令女守志不屈，至於斷鼻自毀而無悔。其告人曰：仁者不以盛衰改節，義者不以存亡易心，此誠所謂死生一貫而其心皎皎者。雖以司馬仲達之梟桀，亦不能不為令女而動其敬嘉之心焉。晦盲否塞之中，得此一人，而人心續，大道存矣。然在令女，夫亦曰以深情成其決志耳，非有他也。故曰：仁，人心也。而仁道，則人道也。吾儕生千百年後，苟以心求心，若夏侯令女之所為，尚復何譏評之可加乎？本文專拈劉向《列女傳》為例，姑舉夏侯令女一事，以見此種道德精神之流演中國社會，貫徹於中國史冊者，固不能以時代限之。若連類而及，則又不勝其可舉，故亦不再縷述也。

東漢經學略論

一

晚清經師，以《白虎通》為今文寶典，覈之范曄《後書》，其事殊不盡然。據〈楊終傳〉，終言宣帝博徵群儒，論定五經於石渠閣。方今天下少事，學者得成其業，而章句之徒，破壞大體，宜如石渠故事，永為後世則。於是詔諸儒於白虎觀論考同異焉。是白虎之論，議始於終，而終所謂章句之徒破壞大體者，正指今文博士言。《前書》夏侯勝所謂章句小儒破碎大道，蓋章句始起於是時，迄於東漢之初，十四博士慮無勿有章句者。獨惟古文諸經為無章句耳。

〈章紀〉建安四年十一月詔曰：蓋三代導人，教學為本。漢章暴秦，褒顯儒術，建立五經，為置博士。其後學者精進，雖同承師，亦別名家。孝宣皇帝以為去聖久遠，學不厭博，故遂立大小夏侯《尚書》，後又立京氏《易》。至建武中，復置顏氏嚴氏《春秋》，大小戴《禮》博士。此皆所以扶進微學，尊廣道藝也。中元元年詔書，五經章句煩多，議欲減省。至永平元年，長少校尉（樊）儵奏言，先帝大業，當以時施行，欲使諸儒共正經義，云云。此詔口吻，與《前書》劉歆移書讓太常博士儼然相似。「雖曰承師，亦別名家。」則家法與師傳本有別。若盡依師傳，歐陽《尚書》之後，何來復有大小夏侯？而先帝所以猶立為博士者，不過扶進微學增廣道藝之意。不圖諸博士專己守殘，拒絕古文諸經，使不得立於學官。而猶復不務大體，碎義逃難，章句日增。王莽時，一面增立古文諸經，一面力求減省五經章句，凡以求經學之勿趨絕途耳。東漢君臣所有志改進者亦復在是。觀楊終之奏，章帝之詔，君臣相應，其意昭然可知矣。考章帝所以然者，由其亦受古文經師之薰陶也。〈賈逵傳〉，肅宗立，隆章儒術，特好《古文尚書》、《左氏傳》。建初元年，詔逵入講北宮白虎觀，南宮雲臺。帝善逵說，使出《左氏傳》大義長於二傳者，逵於是奏曰：三代異物，損益隨時，故先帝博觀異家，各有所採。《易》有施孟，復立梁丘。《尚書》歐陽，復有大小夏侯。今三傳之異，亦猶是也。帝嘉之，令自選《公羊》嚴顏諸生高才者二十人，教以《左氏》。逵又數為帝言《古文尚書》與經傳《爾雅》訓詁相應，詔令撰歐陽大小夏侯《尚書》古文同異，逵集為三卷，帝善之。復令撰《齊》、《魯》、《韓詩》與《毛氏》異同，並作《周官解詁》。八年，詔諸儒各選高才生受《左氏》、《穀梁春秋》、《古文尚書》、《毛詩》，由是四經遂行於世。據此：則章帝對經學上之見解，不拘拘守先漢之今文家法，豈不甚顯白乎。

〈章紀〉八年詔曰：五經剖判，去聖彌遠，章句遺辭，乖疑難正。恐先師微言，將遂廢絕。非所以重稽古，求道真也。其令群儒選高才受學《左氏》、《穀梁春秋》、《古文尚書》、《毛詩》以扶微學，廣異義焉。此詔亦載於袁宏《漢紀》，云章句傳說，難以正義，恐先師道喪，微言遂絕。此證博士有章句，乃末師之業，至於先師並不然。如歐陽《尚書》本無章句，《尚書》章句始起於小夏侯，時大夏侯尚不以為然也。稍後以利祿之途所在，章句競起，劉歆所謂是末師而非往古，信口說而背傳記也。故夏侯勝明謂章句小儒破碎大道，而晚清經師則謂今文章句為大義所萃。漢章帝詔明謂章句乖疑，微言遂絕，而晚清經師則謂今文章句乃微言所傳。彼等妄意臆說如此，則何怪其奉《白虎通》為今文寶典也。

晚清今文經師之所以張大其說者，尤恃何休之《春秋公羊解詁》。以為今文博士微言大義所賴以存。今按何休〈公羊序〉云：傳《春秋》者非一，本據亂而作，其中多非常異義可怪之論。說者疑惑，至有信經任意，反傳違戾者，是以講誦師言，至於百萬，猶有不解，時加釀嘲辭，援引他經，失其句讀，甚可閔笑者，不可勝記也。是以治古學貴文章者，謂之俗儒。至使賈逵緣隙奮筆，以為《公羊》可奪，《左氏》可興，斯豈非守文持論敗績失據之故哉。余竊悲之久矣。往者略依胡母生《條例》，多得其正，故遂隱括，使就繩墨焉。此序何休自述注《公羊》之緣起，其謂守文持論敗績失據者，賈逵受詔列《公羊》、《穀梁》不如《左氏》四十事奏之，名曰《左氏長義》，（此出《經典敘錄》，范傳云三十事）章帝至使自選《公羊》嚴顏高才生習《左氏》，故曰敗績也。

講誦師言至於百萬，此正當時今文博士章句家法所盡然，不獨嚴顏《公羊》。何氏之注《公羊》，特欲求勝於其時之古文經師，而彼固已為不守今文博士家法之人矣。

范書〈何休傳〉記休為學途轍極明晰，謂休精研六經，世儒無及，作《春秋公羊解詁》，不與守文同說。又與其師博士羊弼追述李育意以難二傳，作《公羊墨守》、《左氏膏肓》、《穀梁廢疾》。清儒江藩作〈公羊先師考〉說之云：胡母生與董仲舒同治《公羊》，前漢嚴顏之學盛行，皆董學也。胡之弟子為公孫宏一人，餘無聞焉。爰及東漢，多治嚴氏《春秋》，范書〈儒林傳〉有六人，治顏氏者惟一人。至於李育，雖習《公羊》，不知其為嚴氏之學歟，顏氏之學歟。休與羊弼追述李育意，則無所謂嚴氏顏氏矣。其為《解詁》，依胡母生《條例》，至於嚴顏則曰甚可閔笑。則李育之學本之子都矣。董子《繁露》，其說往往與休不合。《繁露》言二端十指，亦與《條例》之三科九旨迥異。仲舒推五行災異之說，《漢書．五行志》備載焉。休之《解詁》不用，而取京房之占，其不師仲舒可知矣。是清儒在乾嘉時，尚知何休《公羊》與董仲舒不同，晚清以何休《解詁》上附董氏《繁露》，何不一讀兩漢〈儒林傳〉與何氏之自序耶。

今考何氏之學所由與嚴顏不同者，由其能「精研六經」，不顓顓守文，拘博士一家之法也。李育亦然。范書謂育少習《公羊春秋》，博覽書傳，深為同郡班固所重。頗涉獵古學。嘗讀《左氏傳》，雖樂其文采，然謂不得聖人深意。後拜博士。建初四年，與諸儒論五經於白虎觀，育以《公羊》義難賈逵，往返皆有理證，最為通儒。是李育為學，亦兼通古今，不顓顓一家章句，故能與賈逵相往復也。〈班固傳〉稱固博貫載籍，九流百家之言無不窮究，所學無常師，不為章句，舉大義而已。其重李育，亦因其學能博涉貫通故也。則江藩疑李育《公羊》乃胡母子都之傳者疑亦失之。其實嚴顏兩家何嘗全是董仲舒之傳統。若兩家能守仲舒傳統勿失，則《公羊》有董氏可矣，何乃有嚴顏。博士章句，皆所謂末師耳。豈得以末師之章句上推先師之微言大義，以為果如是哉。嚴顏非盡董氏學，李育何休亦非盡胡母氏學也。惟一為專家，一為通學，其不同如此而已。

當時為博士者，專家多，通學少，而亦未嘗無通學之士，即如李育是也。又如張玄，少習顏氏《春秋》，而兼通數家法。拜為博士。數月，諸生上言玄兼說嚴氏，不宜專為顏氏博士。光武且令還署。為博士弟子者，習一家章句尚患不能熟，若為之博士者兼說數家，博士弟子一年輒科，恐不易得高弟，故不樂之。光武不得不且徇諸生之意，令其還署，此可以知光武所以雖欲立《左氏春秋》，而以諸博士喧嘩，不得不姑置勿立矣。晚清經師乃謂兩漢十四博士家法為孔學真傳，真可怪也。

東漢諸儒學最通博者，必推鄭玄。玄著發墨守，鍼膏肓，起廢疾。何休見而嘆曰，康成入吾室，操吾戈以伐我乎。此說良允。即李育何休之難賈逵，攻《左氏》，亦入室操戈也。不通其學，豈得相往復哉。故西漢博士之於劉歆，直以不誦絕之而已。李育不以不誦絕賈逵，而何休亦謂當時博士之學甚可閔笑，宜其敗績失據，斯二人之所由異夫章句小儒也。竊謂當時經學分野，惟博士章句家法與博通大義之兩途。而大抵治今學者，以守博士章句者為多。通古學者，以不守章句舉大義者為多。至《白虎通德論》，明明主通，其有異於諸家之章句明矣。若謂會十四家博士章句而通之，此則晚清經師之狂言，漢儒無此事也。

二

晚清經師又謂東漢今古文家法絕不相混，至鄭玄注經而今文家法始失。此亦非也。大抵東漢儒生，多尚兼通，其專治一經章句者頗少，而尤多兼治今古文者。此亦據晚清分今古言之，當時本不嚴格分別也。即以〈儒林傳〉徵之，如孫期，兼京氏《易》、《古文尚書》，張馴，能誦《春秋左氏傳》，以大夏侯《尚書》教授。尹敏，初習歐陽《尚書》，後受古文，兼善《毛詩》、《穀梁》、《左氏春秋》。此皆以一人兼治後世所謂今古文之證也。其他如賈逵，從劉歆受《左氏》、《國語》、《周官》，又受《古文尚書》於塗惲，學《毛詩》於謝曼卿，而以大夏侯《尚書》教授。張楷，通嚴氏《春秋》、《古文尚書》。劉陶，明《尚書》、《春秋》，惟三家《尚書》及古文，是正文字三百餘事，名曰《中文尚書》。此皆明文見於列傳。至所謂博通五經者尚多有之。不聞今古文相水火也。若謂今文十四博士道一風同，則五經何為乃有十四家？且不聞治京《易》者必通梁丘，治歐陽《書》者必通大小夏侯也。若謂古文諸經自成一系統，與今文諸經判然兩事，則何以治嚴氏《公羊》、京氏《易》者乃兼習《古文尚書》，治《左氏春秋》者又兼事大夏侯《尚書》乎？

然則當時固為有今文古文之別乎？曰：據漢人之自道，則惟《尚書》稱古文，以別於歐陽大小夏侯。此外如《左氏春秋》、《毛詩》皆不稱古文。〈杜林傳〉稱「於是古文遂行」，此專指《古文尚書》也。〈賈逵傳〉稱「由是四經遂行」，則合《左氏》、《穀梁春秋》、《古文尚書》、《毛詩》

四經言之。古文不能並包《左氏》、《毛詩》諸端，皎然彰著矣。此外惟費直傳《易》號《古文易》，然亦不聞並稱《古文尚書》、《古文易》為古文。由兩者各有傳授淵源，無可並合，猶之京氏《易》、嚴氏《春秋》不能並合而稱今文也。

然諸經雖不並稱，而治此諸經者，往往均稱曰古學，此杜林衛宏賈逵諸傳皆言之。古學者，指其異於今學，猶後世古文之別於時文矣。在東漢言之，則今學即博士章句之學也。謂之今學，正猶後世之言時文。今學之必為章句，猶之時文之必寫八股矣。何以謂今學必章句乎？〈孔僖傳〉，自安國以下，世傳《古文尚書》、《毛詩》，長彥好章句學，季彥守其家業。連叢子云：長彥頗隨時為今學，季彥壹其家業，兼修《史》、《漢》，不好諸家之書。孔大夫昱謂季彥曰：今朝廷以下，四海之內，皆為章句內學，而君獨治古義，治古義則不能不非章句，非章句內學，則危身之道也。此證章句為今學矣。《論衡．程材》篇所謂世俗學問者，不肯竟經明學，深知古今，急欲成一家章句也。故家法與章句，特異辭言之。名家者，即自成一經章句稱某氏學，而此惟博士有之。〈徐防傳〉謂《詩》、《書》、《禮》、《樂》定自孔子，發明章句始於子夏。漢承秦亂，經典廢絕，本文略存，或無章句，故立博士十有四家。此證博士家法章句之三者為一體矣。然其事實始石渠議奏以後，發端於小夏侯，徐防謂章句始子夏，則無根俗說也。

章句今學出於博士，博士為官學，故治章句者必媚上諛政。光武好圖讖，諸博士章句盡言圖讖，乃曰章句內學，此猶元明以來朝廷科舉一遵朱子，則為八股者自必闡述朱義也。而東漢治古學者則不言讖。光武問鄭興，鄭興曰，臣不為讖。尹敏謂讖書非聖人所作，其中多近鄙別字，頗類世俗之亂。桓譚亦言臣不讀讖。三人皆治古學，皆以不言讖幾罹罪辜。故賈逵云：光武皇帝奮獨見之明，興立《左氏》、《穀梁》，會二家先師不曉圖讖，故令中道而廢。此孔大夫所以言非章句內學則危身之道也。光武圖讖，導源於王莽之符命，而王莽符命則由西漢博士諸家。《公羊》通三統，即是符命真源矣。王莽何必別偽古文而後可以言符命？至禮樂制度，則莽之措施，頗有取於《周官》、《左氏》者。故若以晚清經師今古文分派之說繩之，則莽之受命代漢，大有賴於《公羊》今文。其變法復古，則《左氏》、《周官》古文家之意見為多。若謂莽偽造符命，又偽造古文經，已屬矛盾。且何以東漢初年治圖讖者皆今文家，而治古學者多不與耶？

〈方術傳〉云：王莽矯用符命，及光武尤信讖言，士之赴趨時宜者，皆馳騁穿鑿爭談之，自是習為內學，尚奇文，貴異數，不乏於時矣。然則治讖必尚奇文，正尹敏所謂其中多近鄙別字也。光武令尹敏校讖，敏因其闕文增之，曰君無口，為漢輔。帝召問，對曰，臣見前人增損圖書，竊幸萬一。故為圖讖者每每改造字體，此正古文家所深惡也。當時所謂今學古學之分野，率具如是，安有如晚清經師之所稱道乎。

然則治古學不為章句，彼當何務？曰訓詁通大義是已。訓詁通大義，此不徒治古學者然，今學博士初立，未有章句，亦曰訓詁舉大義也。且古學家亦不終於訓詁舉大誼而止，迄於馬融鄭玄，亦章句矣。〈鄭傳〉謂鄭氏注經凡百餘萬言，質於辭訓，通人頗譏其繁，此之通人，亦如大夏侯之斥小夏侯為章句小儒破碎大道矣。范氏之論曰：東京學者亦各名家，守文之徒，滯固所稟，異端紛紜，互相詭激，遂令經有數家，家有數說，章句多者或乃百餘萬言。學徒勞而少功，後生疑而莫正。鄭玄括囊大典，網羅眾家，刪裁繁誣，刊改漏失，自是學者略知所歸。范氏此論，極得鄭學真趣。蓋鄭氏於經，成章句而不守家法。章句之勝於訓詁者，以訓詁闊略而章句完密也。家法之不如古學者，以古學會通，而家法偏守也。若謂鄭氏興而後世只有古學不知孔學，則異乎吾所聞。

錄自《讀書週刊》第六十七期。

中華民國二十五年九月二十四日，天津《益世報》。

略述劉邵《人物志》

今天我要約略講一部將兩漢學術思想開闢到另一新方向之書，此即劉邵之《人物志》。此書僅有兩卷、十二篇。劉邵之時代已下至三國，此書以前向少為人注意；直至最近，始有提及。我們一看其書名，即知此書是專討論人物的。我嘗謂中國文化傳統特別注重於人文主義，因此也特別著重講人物。如在《論語》中，即曾批評自堯舜以下直到孔子當時之各類人物；孟子書亦然。中國人一向甚重視對人物之批評，此乃中國思想一特點。

因講政治教化皆需人。在漢代，政府用人必以讀書人為條件；讀書必以通經為條件；非讀書通經即不得從政。此在孔孟當時，可謂僅存有此一理想；而到漢代，卻已真在制度上實現了。政教合一，政治上之人物即是學術上之人物，此項制度，可謂是根據了經學中之最高理論而來。但後來漢代亦趨衰亂，終至於不可收拾，此中原因何在，豈不深值時人猛省？在漢代開始時，講黃老無為，但亦須有理想適合人來推行，不是隨便講黃老學的都能勝任愉快。為何到東漢末年，產生了黃巾、董卓之亂，終於導致三國分裂？不容得當時人不覺悟到政治上之失敗，其理由即因於政治上用人之不夠理想。故退一步先從人物方面作研究，庶可希望在政治上能用到合理想、合條件之人。此亦可謂是一個反本窮源的想法。劉邵《人物志》即根據此一時代要求而寫出。

《人物志》主要在討論人物。物是品類之義。將人分成許多品類，遂稱之為「人物」。西方人常依職業或知識來分人物，如宗教家、醫生、律師、或某類專門學者，這些都從外面職業知識分。中國人卻重在從人之內面品性道德分。此一態度，顯然與西方不同。中國人向來看重人的道德、性情，如《論語》中講「仁、孝」、講「聖、賢」、講「君子、小人」，此等皆是道德上字眼。漢人最講求道德，及漢代中央政府崩潰後，曹操卻提出了新鮮口號，他說：「治天下，平時尚德行；有事尚功能。」他把才幹看重在德行之上。若論曹孟德自己，就其道德論，實在太差了；然其人甚能幹，正是亂世之奸雄。在此一風氣下，更激起有思想者之鄭重注意，於是方有劉邵《人物志》之出現。

孟子曾云：「窮則獨善其身；達則兼善天下。」孔子亦曾說過：「道不行，乘桴浮於海。」又說：「用之則行，舍之則藏。」從個人立場講：當世界陷於絕望時，只有退避一旁，採明哲保身之一法。但自另一方面講：世道否塞，終需要物色人才來扭轉此局面。劉邵寫《人物志》，並非站在私人立場著想，而是站在政府立場著想。他的意態是積極的，非消極的。因此他衡評人物，一講德性，一重才能，務求二者兼顧。換言之：衡評人物，不能不顧到其對當時人群所能貢獻之功利一方面。若要顧到人群功利，即需講才智。若無才智，如何能在此社會上為人群建立起功利？故劉邵《人物志》極重人之才智，但也並未放棄道德。而他書裏，也並未提到隱淪一流，這是此書一特點。

今問人之才智何由來？劉邵以為人之才智乃來自自然，此即所謂人「性」。孟子亦是本才以論性。當三國時，才性問題成為一大家愛討論的問題。因在東漢時，社會極重「名教」，當時選舉孝廉，孝廉固是一種德行，但亦成了一種「名色」。當時人注重道德，教人定要作成這樣名色的人，教人應立身於此名色上而再不動搖，如此則成為「名節」了。惟如此推演，德行轉成從外面講。人之道德，受德目之規定，從性講成了行，漸漸昧失了道德之內在本原。現在世局大壞，人們覺得專講當時儒家思想，似乎已不夠；於是又要將道家思想摻入，再回到講自然。認為人之才能，應來自自然。但一講到自然，又會牽連講到鄒衍一派之陰陽家言。在先秦以前，各家思想本可分別來講；但漢以下各家思想已漸匯通，不能再如先秦般嚴格作分別。當時人把自然分成為「金、木、水、火、土」五行，人性亦分別屬之。即如近代命相之說，也仍把人分「金性」、「木性」等。

當時人把儒家所講仁、義、禮、智、信配入五行，變成了五性。那一性的人，其所長在何處，如：木性近仁、金性近義等。直到宋代理學家們，也還作如此的分別。

但劉邵《人物志》並不看重那些舊德目，他書中提出了許多新意見。他說：人才大概可分為兩等：一是「偏至之材」，此乃於一方面有專長者，如今稱科學家、藝術家等。在劉邵說來，應都屬此偏至之一類。第二是「兼材」，即其材不偏於一方面，而能有兼長者。依近代人觀念，其人果是一文學家，若定要同時兼長科學，豈不甚難？然此等本屬西方人側重職業與知識的分法，中國人則不如此看人。人品不以知識、職業作分別。今天的我們，都已接受了西方人說法，多將人分屬於某項知識、某項職業之下，乃對劉邵所提兼材一項，驟難瞭解。

我們試再就此講下：劉邵在《人物志》中將人分成十二「流」。中國人所謂流品，亦即是品類之義。此十二流乃依其人之性格言。人之「才」皆自其「性」來。如有人喜講法律；有人喜臧否人物；有人善文辭。此皆所謂才性不同。劉邵所分十二類中之第一類，稱為「清節家」。他說如吳季札，齊晏嬰等是。因此類人稟此性，便宜做此類事，即其才之專長在此也。其第二類稱「法家」。此非指先秦諸子中之法家學派言。法家學派指的是一套思想；而劉邵所指則是某一類人之性格。如管仲、商鞅等，此一類人，性喜講法律制度，因此其才亦於此方面見長。第三類稱為「術家」。如范蠡、張良等是。因於人性不同，而其所表現之才能亦不同。如：管仲、商鞅，他們每能建立一套制度或法律，然遇需要權術應變處，即見他們之才短。

前三類皆是所謂偏至之材。但亦有其人不止在某一類事上有用，而其才可多方面使用者。此所謂兼材，即其才不限於某一方面、某一類事。劉邵言：如此之人，即具兼材之人，乃可謂之德。依照劉邵如此說來，德自在才之上。但其所用德字之涵義，顯與指仁、義、禮、智為德者有辨。劉邵又謂：「若其人又能兼德，此種人則可謂之聖人。」故劉邵心中之聖人，應是一全才之人，至少應是一多才之人。劉邵主張在偏至之才之上，更應注重兼材，此種人始是有德。如曹操不可託以幼主；而諸葛孔明則可以幼主相託。此因孔明兼有清節之才；而曹操不能兼。若照我們普通說法：只說曹操無道德；依劉邵講法，即論其人有無此類之材，或說是否具有此一方面之性格。此乃劉邵思想之獨特處。

劉邵又謂：若「兼德而至，謂之中庸」。此處所謂之中庸，亦不同於儒家所謂之中庸。劉邵之所謂中庸者，實是兼備眾才，使人不能以一才目之，甚至不能以兼才目之。因此劉邵將人物分為三類，即：「聖人」、「德行」與「偏材」。中庸則是聖人。復下有「依似」，此乃勉強學之於人，而並非出自其人之本性者。此下又有「閒雜」與「無恆」。如其人今日如此，明日又不如此，便是閒雜無恆。「依似」與「無恆」，皆不從其人之本性來，只從外面強學，故有此弊。蓋因東漢重名教，人漸向外效慕，劉氏特加矯正。然劉邵仍將「德行」置於才智之上。他的意見：德行應由內發，而仍必兼有才智。謂其本原乃出於人之天性，因此主張要「觀人察質」。他意謂：要觀察一個人，必注重觀察其性格。此處察質之「質」字，其涵義猶不止是「性質」義，且兼有「體質」義。直至今日論人，猶有相骨、相面之說，此即觀人之體質也。其人或厚重、或輕薄、或謹慎、或粗疏，皆從其人之體質與性質來。此種意見，實亦流傳迄今，仍為一般人所信奉。

但「觀人察質」更有一重要處。劉邵說：看人「必先察其平淡，而後求其聰明」。此兩語實有深意。若論聖人，本即是一聰明人，目能視，耳能聽，所視所聽又能深入玄微，這便是其人之聰明。又如同讀一書，各人所得不同，此即其人之聰明不同。聖人便是聰明之尤者。但在看一人之聰明之外，更應察其性格之能平淡與否。此語中極涵深義。從前儒家多講仁、義、禮、智、信，把美德漸講成了名色；至劉邵時便不再講此，轉移重點，來講人之性格與其用處。人之性格與其用處之最高者，劉邵謂是「平淡」一格。此如一杯淡水，惟其是淡，始可隨宜使其變化，或為鹹、或為甜。人之成才而不能變，即成一偏至之材，其用即有限。故注意人才而求其有大用，則務先自其天性平淡處去察看。

所謂「平淡」，應可有兩種講法：一指其人之內心講，即其人之所好、所願望。如人都喜歡在某一方面有所表現，此人即是不平淡。以其不平淡，因而亦只能依其所好、所想望而成一偏至之材。又如人好走偏鋒，急功近利，愛出鋒頭，此等皆是不平淡。必大聖如孔子，始是一真平淡者。

惟其平淡，故可大受，而當大任。如孔子之「毋意、毋必、毋固、毋我」及其「無可、無不可」。此即孔子之平淡也。劉邵說：「中庸之德，其質無名。」此即或人批評孔子所謂博學而無所成名也。亦可說平淡即是不好名，不求人知。劉邵此番理論，正是針對東漢人風氣，亦可謂其乃來自道家。如老子說：「名可名，非常名。」人若成為一個「名色」，其人亦即只可有一種用，不能再作他用。此即違背劉邵所謂之中庸之德矣。故劉邵意乃謂：「人之至者，須能變化無方，以達為節。」此所謂達，即是達成我們之所希望與其到達之目標之謂。我們之目標與希望，惟有其人性格到一平淡境界時，始可達到。蓋平淡之人，始能不拘一格，因應變化，故能達成其任務也。劉邵所用「平淡」二字，明是老莊思想；但其用「中庸」二字，則自儒家來。劉邵將此儒、道二家思想配合而自創一新說，此在漢儒中甚少見。

以上講的是聖人，此乃承傳統觀念來。在三國時，一般人又多喜歡講「英雄」，因亂世需英雄也。如曹操嘗語劉備曰：「今天下英雄，惟使君與操耳。」即時人尚英雄之證。據劉邵《人物志》意見：英，乃指其人之聰明；雄，乃指其人之膽力。如張良柔弱似婦人女子，乃英而不雄；韓信則是雄而不英。然英才之人不能使用雄才；雄才之人亦不能使用英才。必求其人聰明膽力相兼，方可謂之英雄。若不得已而必須分別論之，則英才較雄才為高。然必兼英與雄，始可用天下英雄之才，而得建成大業也。

劉邵又從功利觀點來講人之德性，謂其最可寶貴者，應在「愛」與「敬」兩項。因凡人皆喜歡得他人之「愛」與「敬」，故此二者乃人之最高道德性格也。因若任何人能愛敬人，則能動獲人心，道無不通，如此自然所遇無不順利；故劉邵講道德主要乃兼功利觀點講。他說如「仁」字，在單獨講時是好的；但合起來講，則仁不如「明」。若其不明而僅有仁，則成無明，此說實亦有理。故孔子講「仁」必另加上一「智」字。後人太偏講道德，便失卻孔子仁智兼重之義。仁、智必相兼，聰明與平淡二者亦必相兼，此皆劉邵論人物之重要點。

再說「平淡」二字。平者如置放任何一物，放平處便可安頓；放不平處則不易得安頓。淡則能放進任何物，而使其發生變化，不致拘縛在一定格上。總之，平淡之性格可使人之潛在性能獲得更多之發現與成就。劉氏因此又說：「學」雖可使人成「材」；然成於此，即失於彼。此顯然是道家義。劉氏又頗看不起「恕」字，彼意：若其人自己心上有了毛病，如何能「推己及人」？故說：「學不入道」；又說：「恕不周物」。這是他對儒家義之修正。

劉邵《人物志》一書，其中所涵思想，兼有儒、道、名、法諸家，把來會通，用以批評、觀察人物。依劉邵理論，把道德、仁義、才能、功利諸觀點都會通了，用來物色人材以為世用。此種講法，頗與宋、明儒所講德性之學只注重在個人內部之正心、誠意方面者並不全相同。所惜是後人沒有將劉邵此一套學問更向前推進。此在劉邵思想本身，自然也有缺點：一是劉邵只注意觀察人物，卻不注意在各人之修養方法上。二是劉邵所講，專注意在政治場合之實用上。他的眼光，已就陷於一偏。這可證明劉邵還是兩漢以來單注意政治實用一方面的思想傳統。

我自己很喜愛劉邵此書，認為：他提出平淡二字，其中即有甚深修養工夫。在我年輕時讀《人物志》，至「觀人察質，必先察其平淡，而後求其聰明」一語，即深愛之，反覆玩誦，每不忍釋；至今還時時玩味此語，彌感其意味無窮。

民國五十年在香港大學講

葛洪年譜

病中讀《抱朴子》，聊譜其年歷行事。時民國三十五年春客成都。

晉武帝太康四年　葛洪生

按：《抱朴子・外篇・吳失》：余生於晉世。據後太安二年洪年二十一，推知應生在此年。

又按：《晉書・葛洪傳》：洪父悌，吳平後入晉為邵陵太守。《抱朴子・外篇・自敘》：卒於官。洪者，君之第三子。生晚，為二親所嬌饒。

惠帝元康五年　洪年十三

按：〈自敘〉，年十有三而慈父見背，饑寒困悴，躬執耕穡。又累遭兵火，典籍蕩盡，負笈行假，伐薪賣之，以給紙筆。

元康八年　洪年十六

按：〈自敘〉，年十六，始讀《孝經》、《論語》、《詩》、《易》，貪廣覽，於眾書乃無不睹。

太安元年　洪年二十

按：《晉書・葛洪傳》：從祖玄，吳時學道得仙，號葛仙公。以其鍊丹秘術授弟子鄭隱。洪就隱學，悉得其法。《抱朴子・內篇・金丹》：昔左元放於天柱山中精思，而神人授之《金丹仙經》。會漢末亂，不遑合作，而避地來渡江東，志欲投名山以修斯道。余從祖仙公又從元放受之。凡受《太清丹經》三卷，及《九鼎丹經》一卷，《金液丹經》一卷。余師鄭君者，又於從祖受之，而家貧無從買藥。余親事之灑掃積久，乃於馬蹟山中立壇盟受之。并諸口訣訣（下訣字疑衍）之不書者。江東先無此書，書出於左元放。元放以授余從祖，從祖以授鄭君，鄭君以授余，故他道士了無知者也。然余受之已二十餘年矣，資無擔石，無以為之，但有長歎耳。又《抱朴子・內篇・遐覽》：昔者幸遇明師鄭君，於時雖充門人之灑掃，既才識短淺，又年尚少壯，意思不專，俗情未盡，不能大有所得，以為巨恨。鄭君時年出八十，性解音律，善鼓琴。閒坐。他弟子皆親僕使之役，採薪耕田，唯余尫羸，不堪他勞，常親掃除，拂拭床几，磨墨執燭，及與鄭君繕寫故書而已。鄭君本大儒士，晚而好道，猶以《禮記》、《尚書》教授，弟子五十餘人，惟余見受《金丹》之經。太安元年，知季世之亂，江南將鼎沸，乃負笈持仙藥之樸，將入室弟子東投霍山，莫知所在焉。據此，知洪受學鄭隱，當在二十以前十六以後之數年中。鄭隱善鼓琴閒坐，此乃當時修道者所共，如嵇叔夜信長生，亦擅琴是也。至洪所受之丹術，自左元放以來四傳，既云不遑合作，又稱家貧無從買藥，又曰資無擔石，無以為之，則雖有其書，迄無親驗之者。後人傳左元放葛仙翁故事，證以葛書，知皆不實矣。

太安二年　洪年二十一

按：《晉書・洪傳》：石冰作亂，吳興太守顧秘為義軍都督，與周玘等起兵討之，檄洪為將兵都尉，攻冰別率，破之，遷伏波將軍。〈自敘〉：昔大安中，石冰作亂，義軍大都督邀洪為將兵都尉，累見敦迫，遂募合數百人，別戰斬賊小帥，多獲甲首，於是大都督加洪伏波將軍。又《御覽》三百二十八引《抱朴子・外篇》，昔大安二年，京邑始亂，石冰屯於建業，宋道衡說冰求為丹陽太守，到郡，發兵以攻冰，召余為將兵都尉，余年二十一，見軍旅，不得已而就之。宋侯不能用吾計，數敗。吾令宋侯從月建，住華蓋下，遂收合餘燼，從吾計，破石冰焉。今按：據《御覽》

此條，知本年洪二十一。

永興元年　洪年二十二

按：《晉書・洪傳》：冰平，洪不論功賞，徑至洛陽，欲搜求異書，以廣其學。〈自敘〉：事平，洪投戈釋甲，徑詣洛陽，欲廣尋異書。正值大亂，半道而還。今按：石冰平在今年。

光熙元年　洪年二十四

按：《晉書・洪傳》：洪見天下已亂，欲避地南土，乃參廣州刺史嵇含軍事。及含遇害，遂停南土多年。征鎮檄命，一無所就。〈自敘〉：洪詣洛陽，正遇上國大亂，北道不通，陳敏又反於江東，歸途隔塞。會有故人譙國嵇居道，見用為廣州刺史，乃表請洪為參軍，利可避地於南，黽勉就焉。見遣先行催兵，而居道於後遇害，遂停廣州，頻為節將見邀，用皆不就。今按：嵇含為廣州刺史，未赴，遇害在今年。《晉書・嵇含傳》，含字君道，此作居道，乃字譌。

又按：《晉書・洪傳》：洪又師事南海太守上黨鮑玄。玄亦內學，見洪，深重之，以女妻洪。洪傳玄業，兼綜練醫術，不知在何年。《晉書》敘於石冰亂前，今姑改繫於此。或尚稍後，未可知。

愍帝建興三年　洪年三十三

按：《晉書・洪傳》：後還鄉里，禮辟皆不赴。元帝為丞相，辟為掾，以平賊功，賜爵關內侯。今按：元帝為丞相在今年，洪不知何年自廣州還，其為元帝掾屬，當在此年。

元帝建武元年　洪年三十五

按：〈自敘〉，洪年十五六時，所作詩賦雜文，當時自謂可行。至於弱冠，更詳省之，殊多不稱意。洪年二十餘，乃計作細碎小文，妨棄功日，未若立一家之言，乃草創子書。會遇兵亂，流離播越，有所亡失，連在道路，不復投筆。十餘年，至建武中，乃定。凡著〈內篇〉二十卷，〈外篇〉五十卷，碑頌詩賦百卷，軍書檄移章表箋記三十卷，又撰俗所不列者為《神仙傳》十卷。又撰高止不仕者為《隱逸傳》十卷。又抄五經七史百家之言，兵事方伎短雜奇要三百一十卷。別有目錄。又曰：既洪著〈自敘〉之篇，或人難曰：昔王充年在耳順，道窮望絕，懼身名之偕滅，故自紀終篇。先生以始立之盛，值乎有道之運，何憾芬芳之不揚，而務老生之彼務。洪答云云。又〈自敘〉：江表書籍不具，昔故詣京師，正值大亂，半道而還。每興嘆恨。今齒近不惑，素志衰頹，但念損之又損，為乎無為。據諸上引，知洪撰《抱朴子》，殆在此時。故既曰以始立之盛，又曰齒近不惑也。清《四庫提要》謂洪乞為勾漏令後退居浮羅山所作，誤矣。

又按：《抱朴子・金丹》：洪受書於鄭君，已二十餘年矣。若以洪十八、九歲受書，再過二十餘年，當逾四十。是其所為〈自敘〉，雖在三十五歲時，而其內外各篇文，則容有隨後增成者。又據其《神仙傳・自序》，則在〈內篇〉既成之後，因其弟子滕升問神仙有無而作。

又按：〈自敘〉，洪考覽奇書，既不少矣。率多隱語，難可卒解。道士弘博洽聞者寡，而意斷妄說者眾。至於時有好事，欲有所修為，倉卒不知所從，而意之所疑，又無足諮。今為此書，粗舉長生之理。其至妙者，不得宣之於翰墨。蓋粗言較略以示一隅。世儒莫信神仙之書，不但大而笑之，又將謗毀真正。故予所著子言黃白之事名曰〈內篇〉。今按：洪著〈內篇〉既在盛年，特因多覽奇書，故乃粗言其理，非謂親有所試，確有所驗也。神仙黃白又與長生之理不同，洪蓋信有此術而姑記其所得於考覽者而已，後世乃以為洪果尸解得仙，其妄可知。

又按：〈自敘〉，洪少有定志，決不出身。念精治五經，著一部子書，令後世知其為文儒而已。後州郡及車騎大將軍辟，皆不就。薦名瑯玡王丞相府。昔起義兵，賊平之後，了不修名詣府論功。晉王應天順人，撥亂反正，結皇綱於垂絕，修宗廟之廢祀，念先朝之滯賞，並無報以勸來。洪隨例就彼庚寅詔書，賜爵關中侯，食勾容之邑二百戶。今按：此處稱晉王，又稱先朝，可證洪封關內侯必在元帝時。元帝在位六年，建武元年丁丑，大興三年庚辰，此云庚寅，或是庚辰之譌。

成帝咸和元年　洪年四十四

按：《晉書・洪傳》：咸和初，司徒導召補州主簿，轉司徒掾，遷諮議參軍。干寶深相親友，薦洪才堪國史，選為散騎常侍，領大著作。洪固辭不就，以年老欲鍊丹以祈遐壽。聞交阯出丹，求為勾漏令。帝以洪資高不許。洪曰：非欲為榮，以有丹耳。帝從之。洪遂將子姪俱行，至廣州，刺史鄧岳留不聽去，洪乃上羅浮山煉丹，岳表補東官太守，又辭不就。在山積年，優遊閒養，著述不輟。後忽與岳疏云：當遠行尋師，剋期便發。岳得疏往別，而洪坐至日中，兀然若睡而卒。岳至，遂不及見，時年八十一。今按：此記洪應王導之辟而卒敘之云云也。

又按：《道藏》本《關尹子》有葛洪〈序〉，云：洪體存蒿艾之質，偶好喬松之壽，知道之士，雖微賤必親也，雖夷狄必貴也。後遇鄭君思遠，屬洪以尹真人《文始經》九篇，洪親受之。下題咸和二年五月朔。今考洪幼師鄭隱，豈得云後遇。隱之去霍山，下至咸和二年，亦已二十五年矣。《關尹》既偽書，此序亦後人偽撰也。鄭思遠，《洞仙傳》謂其師葛孝先，入廬江馬蹟山，蓋即鄭隱之字。

咸和五年　洪年四十八

按：《通鑑》，今年五月，鄧岳始領廣州刺史，洪之乞為勾漏令，將子姪南行，尚當在後。

咸康二年　洪年五十四

按：《晉書・鄧岳傳》，咸康三年，岳遣軍伐夜郎，破之，加督寧州，進征虜將軍，遷平南將軍，卒。弟逸監交廣州，建威將軍，平越中郎將，廣州刺史假節。今考〈帝紀〉，伐夜郎事在咸康二年十月，非三年。鄧岳卒年史不著。惟查《通鑑》，康帝建元元年，以庾冰都督荊江寧益粱交廣七州。穆宗永和三年春，林邑王文攻陷日南，殺日南太守夏侯覽，檄交州刺史朱蕃，請以郡北橫山為界。文去，蕃使督護劉雄戍日南。秋，林邑復陷日南，殺劉雄。四年，林邑寇九真。五年，桓溫遣督護滕畯帥交廣之兵擊林邑王文於盧谷，為文所敗，退屯九真。似鄧岳之卒，尚在康帝前，其弟逸亦不久去位。若如〈洪傳〉，洪壽八十一而卒，應在哀帝興寧二年，鄧岳決不至是尚在。今既知洪先鄧岳卒，則其壽殆不出六十也。《寰宇記》一百六十引袁彥伯《羅浮記》作葛洪卒時年六十一，若果可據，應為康帝建元元年，其時鄧岳殆已卒，洪決不在人世。此亦本《晉書》本傳譌八為六耳。未足據。後人以洪治養生神仙之術，故《晉書》本傳謂其八十一而卒，又謂其既死，顏色如生，體亦柔軟，舉屍入棺，甚輕如空衣，世以為屍解得仙云。然要之其壽最高當不過六十，則絕無疑者。至其煉丹未就，則傳已明言之，可不復詳論也。

此稿成於民國三十四年

魏晉玄學與南渡清談

政治無出路，激起老莊個人思想的復活。但個人思想盛行，則政治更無出路。因此儒學衰而道學盛，濟其偏者必為法家。西漢初年高惠文景，號為治本黃老，然蕭何造律，一本秦之九章。曹參承其前規。文帝亦好刑名，景帝更然。故太史公以老子韓非同傳，正係指對當時之實相而發也。東漢末葉，朝野競趨個人主義，權謀勢詐，乘之紛起。政府若求整飭社會，則必用嚴法峻刑以為繩束。然當政者重法治，在野者趨消極，依然是道法平分天下之局勢。東漢之法家思想，可以崔寔《政論》為代表，道家則以仲長統〈樂志論〉為代表。曹操諸葛亮等承崔寔，而阮籍嵇康等則承仲長統。一方是循名責實，一方是樂志肆意。當時經學大師亦受道法影響。馬融絳帳傳經，弟子集帳前，家伎居帳後。歎息謂友人曰：「古人有言，左手據天下之圖，右手刎其喉，愚夫不為。所以然者，生貴於天下也。今以曲俗咫尺之羞，滅無貲之軀，殆非老莊所為」。是馬融已顯然為一位道家化的經學家，而鄭玄則是一法家化的經學家。

及孔融起，遂確然開了一種新風氣。雖仍守儒家面目，實際是以道法為底裏。時當天下大亂，個人主義益奔放不可收拾，曹操諸葛亮皆不得不以嚴刑峻法為規束。直到兩晉，法家思想整個支配了政治的上層。但政府儘管尚法治，在野知識份子仍是各行其道。道家思想，則支配了整個文化界。曹操司馬懿兩家，以權術詐謀取天下，在上者既不能光明磊落，大服人心。愈講法治，愈足以激起在下者之消極與放蕩。從此玄學遂大盛。王（弼）何（晏）倡於前，阮（籍）嵇（康）繼其後，向（秀）郭（象）承其末，此為魏晉之際玄學演進之三大宗。

何晏王弼，乃魏晉之際玄學開始的大學者。何晏曾作《論語集解》，晏乃曹家外戚，曹爽死于司馬氏之手，今傳史籍，對何晏頗多詆毀，殆其政敵之誣辭。何晏實並不是一壞人。清儒錢大昕《潛研堂集》曾為辯護。今即據《論語集解》一書研究其思想，亦尚不失儒者榘矱，此後乃列入《十三經注疏》中，歷代相承。看輕其人格，卻不能排斥其著作。實則此書亦非何晏一人所作。除何晏外，尚有鄭沖荀顗曹羲孫邕四人。曹羲為曹爽弟，曾作三書戒諸弟驕縱，史稱其諷刺曹爽，亦史書曲筆。如此始能加深曹爽之罪惡，其實並無明據。且當時史臣，亦只能說曹爽壞話，仍不得不承認曹羲是一正人君子。荀顗為荀彧之子，史稱其性至孝，又稱其明三《禮》。又其弟荀粲，時稱「粲諸兄並以儒術論議」。則可見荀顗確是一儒者。荀顗曾與鍾會辨易無互體說，又與扶風王駿辨仁孝孰先。《論語》：「孝弟也者，其為仁之本與。」若以為作是字解，此為孝先而仁後。若解作「孝弟為行仁之本」，為作做字解，則是仁居孝先。當時爭論在此。可見顗議論亦全關於儒學。後為晉代開國大臣，史稱其「無質直之操，為當時所輕」。又稱其「意思縝密」。可見其私人道德高，而在政治上則謹小慎微，苟合取容。

鄭沖乃一平民出身，史稱其「清恬寡欲，耽玩經史」。可見其亦是一純粹學者。史又稱其「雖位階受輔，而不與世事」。又可見其做大官而不與聞政事。只孫邕不知其詳。今疑曹羲荀顗鄭沖諸人私德均不壞，何晏共此諸人同事《論語集解》；「集諸家訓詁之善者，義有不安，輒改易之」。若果晏之私德，如今傳史籍所載，何能與此諸人為友，共成此儒學大業？何晏見殺，正以其預聞政治。司馬氏作風，一面極力尊崇仁孝之士，借重其私德，以籠絡人心，如王祥鄭沖一流是也。另一面則務要此等人不干預政治，俾其一家恣意篡竊。鄭沖荀顗得守令名以終，何晏蒙惡名而死，皆由此故。《三國志》乃晉代人所作，受當時政潮影響，歪曲史實，未可輕信。今觀《論語集解》，議論去取多平允，尚不失為儒學功臣，與其認何晏為道家，不如認其為儒家，還較允愜。

王弼之學，細加研究，亦可說其是一儒家。他的《易》註，更是儒學大功臣，與何晏《論語集解》同列《十三經注疏》，而影響功績更為遠大。後人稱：「王何之罪，浮於桀紂」，此亦有為而發，不足為定評。裴徽謂王弼曰：「無者，誠萬物之所資，然聖人莫有致言，而老子申之無已者何。」王弼曰：「聖人體無，無又不可訓，故不說。老子是有者，故恒言無，所不足。」此言孔子聖人，已到無的境界，只因無不可以為訓，故不肯正言。老子尚未能達無的境界，故恆講無，正是他之所仰慕。可見王弼評量老子，置於孔子之下。何晏嘗謂：「聖人無喜怒哀樂。」史稱其論甚精。王弼則與何晏持異見。以為「聖人茂於人者，神明也，同於人者，五情也。神明茂，故能體沖和以通無。五情同，故不能無哀樂以應物。然則聖人之情，應物而無累於物者也。今以其無累，便謂不復應物，失之多矣」。此一見解，實與宋儒程明道〈定性篇〉相差不遠。根據上引兩節，知王弼並不專崇老莊。老莊不要喜怒哀樂，孔子雖有喜怒哀樂，但應物而無累於物，所以孔子境界尤高於老莊。王弼為一代大學者，惟從老莊方面去瞭解孔學，此亦有故。儒家本不免偏重於人生現實部份，對於宇宙萬物、人生以外的大環境，未免少注意些，老莊思想正可彌補儒家這一面的缺點。漢代經學家雜揉儒道，把陰陽五行來分析宇宙萬物，其說漫衍無歸宿。直到鄭玄不免。自經王充《論衡》，對此等附會迷信之談，大加攻擊，在此方面早有另闢新途徑之必須，但又不能避卻宇宙萬物而不談。王弼則擺脫漢儒舊纏縛，回到戰國，本老莊初意來說宇宙萬物之起源，故曰：「無者開物成務，無往不存。陰陽恃以化生，萬物恃以成形，賢者恃以成德，不肖恃以免身。」從此理論上便擺脫了兩漢四百年經學五天帝主宰天運的舊說。王弼特地註《周易》，正為要把《周易》的宇宙論來代替前漢經學家五天帝主宰的宇宙論。因此王弼認為只有老莊思想轉與《周易》相近。只有從老莊入手轉可入得孔學。這是王弼特地講老莊無的哲學之微意。此等見解，從兩漢經學傳統言，實發前人所未發。因此不僅王弼的《周易註》出世而漢《易》遽衰，實是王弼的新宇宙論出世而兩漢經學上舊的宇宙論亦告解體，此乃王弼在學術思想史上的大貢獻。前漢人以陰陽家學說講孔學，現在王弼何晏則以老莊思想講孔學。此事王弼開端，而何晏承流贊揚，我們不妨稱之為魏晉時代之新儒學。此下向郭解《莊》，依然承襲王何。直到東晉孫盛著〈老聃非大賢論〉，尚謂「唐虞不結繩，湯武不揖讓，因時制宜也。老子執古之道，以御今之有，執今之有，以絕古之風」。這又完全以歷史學家的眼光來批評老子，可說他仍是王何學的餘響。故由王何以下，如郭象孫盛，都非全尊老莊，都置老莊於孔子之下，此為魏晉學術的正宗思想。後人一誤於史書之歪曲事實，以正為邪。二誤於讀書不精，橫議先賢，以王何為道家張目。其實都錯了。

王何開始以老莊學來講孔子，流風所被，卻不免叫人推挹老莊在孔子之上，這就成為魏晉之玄學，嵇康阮籍是此種轉變之主要人物。當時司馬氏政權，一面籠絡私德很高的賢士，來隱蔽其惡化政治的醜相。一面又不願正人君子干預政事，以便為所欲為。因此逼得一般學者都意態消極，趨向老莊。此非王何之罪，而實是司馬氏之罪。司馬氏當時提倡私人道德，實際不啻提倡人藏頭、掩面、虛偽，做假君子。阮籍嵇康在這種虛偽空氣籠罩下激發，使他們決意轉向老莊。老莊本來反對儒家之禮。老子說：「禮者，忠信之薄而亂之首也。」他們認禮為文飾虛偽。而尚質樸，尚率真。東漢以來，社會早走上虛偽文飾之途。曹氏司馬氏篡竊相承，醜態百出，更令有心人深惡痛疾。又自郭泰許靖提倡人倫，臧否人物，社會上交朋接友，彼此推尊，漸成風氣，因此朋黨交遊虛文末節，更充滿了整個社會。朱穆〈絕交論〉，劉梁〈破群論〉，都想針對其弊而施匡救，但積重難返，直到魏晉之際，上下虛偽成習。阮籍目擊此種狀況，遂要破棄禮法，放浪人間，自稱「禮法豈為吾輩設」。其言論行跡，容有過激，其心情懷抱，實亦可悲，而且可敬。史稱阮籍性至孝，母死，適與人奕，不輟如故。及葬，尚食一蒸豚，飲斗酒，直言窮矣，嘔血數斗。蓋是誠孝，而不肯崇守儒禮。因他痛惡當時那些假孝子，外守喪禮，而內心不戚，與世同污，所以故意吃酒吃肉，不遵服制。其實他內心非常哀痛，並非涼薄不孝。此處阮籍亦似有些不免誤解儒家制禮本意處。儒家制禮，本不為虛文假飾。孝子毀不滅性。古禮有云：「朝一溢水，夕一溢米，食無算。」又曰：「親死，水漿不入口。」所以者何，由其當時悲不思食，但決不能因親喪而廢食。悲痛之餘，再不好好保養，豈不毀了身體，則更非孝道。但在悲傷時，當然不想吃，待悲傷稍過，不妨便少吃些。如此，不致餓壞身體。亦不多吃，免得悲來傷胃。只能吃即吃，而每頓吃不使多，亦沒有一定的時間限制，如此纔不致因悲傷而害了健康。故儒家制禮，實為求合人情物理，並不為粉飾虛假。阮籍認為虛禮可厭，臨葬其母，尚故意大吃酒肉。不知儒家「喪忌酒肉」正恐悲來傷胃。阮籍就吃了這虧，一時悲從中來，正因多吃了酒肉，遂致嘔出血來。此乃因不遵禮而毀身傷性，究非中庸之道。但阮籍畢竟可算是當時一個狂者。阮籍謂禮法豈為吾輩設，不知儒家之禮正為大忠大孝之人而設。故曰：「人而不仁如禮何，人而不仁如樂何。」現在阮籍心恨那輩不仁的假君子，自己又是一位熱心腸人，卻偏不肯講禮法，就規矩，設使孔子遇之，決不會加以非罪，反而會要加以引進的。同時阮籍又是一個不忘情於政治的人，不過目擊何晏夏侯玄諸人受戮，內心灰頹，想作一個明哲保身之士，只好不上政治舞臺，閉口不臧否人物。但他父親又是魏氏親信，那時世方亂離，遠避都會，又不可能，故使阮籍逼成此種狂態。其所為〈詠懷〉詩，寓意精微，為千古文學絕唱，其內心之憤激，誠非局外人所知也。

嵇康與阮籍，性格不同，他只是一個狷者。所為〈養生論〉，寓有極濃重的道家思想，亦可說是一篇很近科學的長生論，與一般神仙思想不同。其〈與山巨源絕交書〉，自謂「非湯武而薄周孔，會顯世教所不容」。亦見他對現政治不滿，遂竟為晉朝所誅。但阮籍嵇康雖與當時政府不合，他們的文采風流，則為世所重，蔚然成風。此後玄學興盛，嵇阮兩人實有大功。現在再將阮嵇與王何一比，則其間已有很大的不同。王何只就老莊通儒學，阮嵇則棄儒舉就老莊。嵇阮以後，向秀郭象便專來註釋《莊子》，顯然是專尚玄虛，與王弼注《易》，何晏解《論語》，態度意境絕不同。但嵇阮都是至情人，都是真君子，他們的頹廢放蕩，實是受了政治和社會的影響，有激而然。

我們若認王何為儒家，則嵇阮雖薄周孔，崇老莊，而思想意趣仍未出儒家範圍。只因他們放蕩不羈，破壞了僅存的一點虛禮教，私人道德，遂致毫無維繫。政府社會公私俱弊，而晉室亦隨之以亡。

向秀郭象為人，便不能與王何嵇阮相提並論。郭象注《莊》，多承向秀。今向書無傳，而郭注則頗完好。大體仍以儒學來糾正莊子之過偏過激。如《莊子．逍遙遊》，明明分別鷃鵬學鳩大小境界不同，但郭象偏要說鵬鳩大小雖異，自得則一。莊子明明輕堯舜而譽許由，但郭象偏要說堯舜是而許由非。可見向郭注《莊》，明非《莊子》本義。從前王何以老莊通儒學，現在向郭則以儒學糾老莊。然而王何猶可，向郭則非。何以故，老莊精義，本在對政治社會文化流弊有深刻之譏評，而能自己超然世外。嵇阮並不能如老莊之氣魄大，對政治社會整個大體下攻擊，但他們還有超然絕俗之概。現在向郭則自引近人，卻把儒家理論來自掩飾，自逃遁。既不能學儒家對政治社會積極負責，又不能如老莊對政治社會超然遠避，這是兩面俱不到家。故王何還是有規矩，還是積極的，嵇阮雖放蕩，還是有性情，雖消極，還能超然遠俗，至少於世無大礙。向秀郭象則是無性情的放蕩，抱著消極態度，而又不肯超然遠俗，十足的玩世不恭，而轉把儒家的理論來掩飾遁藏。當時像王夷甫一輩人，便在這種理論下自滿自得。向郭實不足為《莊子》之功臣，卻不免為兩晉之罪人。這是元康以下向郭時代的風氣，與正始王何時代截然不同。《世說》注，竹林諸賢之風雖高，而禮教尚峻。迨元康中，遂至放蕩賤禮。可見正始元康應有分別，當時人是知道的。後人推本窮源，遂把王何嵇阮連類同譏了。

向郭在當時，還自有他們的一番理論。及東晉南遷，大家索性在放蕩上自娛自怡，連像向郭般的理論也沒有了，這就成了東晉之「清談」。清談家還要講究自己的真性情，而蔑視世俗之偽。他們看不起功利，不肯做一切事前事後的打算，他們認為如是才算率真。他們僅有這樣一種意境，也懶得組成理論寫文章。我們現在只有由《世說新語》中，看他們當時朝野名人的行事態度來推想他們的理論或意想。例如「王子猷性好竹，行過吳中，見一士大夫家有好竹，主人已知子猷當往，乃灑掃施設，在聽事坐相待。王肩輿徑造竹下，諷嘯良久。主已失望，猶冀還當通，遂直欲出門，主人大不堪，便命左右閉門不聽出，王更以此賞主人，留坐盡歡而去」。王徽之此等態度，便是當時人所謂的率真。愛竹賞竹，是我真正目的，是天性所好。但為欲達此目的而去造訪主人，敷衍款接，這就是俗套虛偽。王子猷講究率真，所以想看竹便徑去看竹，竹看了便走，再不願和主人相委蛇。主人先慕子猷大名，灑掃恭候，這還未免俗套虛禮，正為子猷所不取。以後主人不堪，命左右閉門，這卻也是一番真性情之表現，是率真，是放達，子猷因此賞識他。這事便夠代表清談家的意味。但此種意味，清而不深，如一潭秋水，沒有波瀾壯闊魚龍出沒之觀。還不能像嵇康阮籍，還有火烈的真性情。清談家如盆景花卉，雖亦有生命，有意態，只根盤不大，培壅太薄，沒骨幹，沒氣魄，不好算是真性情，因此也經不起大風浪，不能奮鬥，易為外物所累。強要任情，反轉成為矯情，不夠真，不夠率，這是清談家直接向郭以來之毛病。而且清談家的骨子裏，也還是未必真夠清。《世說》注引《中興書》，王徽之卓犖不羈，欲為傲達，放肆聲色頗過度，時人欽其才，穢其行。這恐不是王徽之一人如此，乃是當時清談家之共同面相，共同格調。如此般的老莊，如此般的玄學，實不足以滿足時人內心之真要求，於是只有讓出佛教來指導人生。

此稿成於民國三十五年

袁宏政論與史學

一

袁宏，字彥伯，東晉人，與桓溫謝安同時。《晉書》入〈文苑傳〉，以文章名世，而史學尤卓絕。宏以孤貧自拔，與並世清談學派，風趣標致，多有扞格。蓋宏乃一儒道兼融之學者，而確然可謂其承續儒家之大統。茲粗為摭述其思想如次，亦足代表晉代學風之一格也。

宏文最為後世傳誦者，厥為〈三國名臣頌〉，其開始即曰：

夫百姓不能自牧，故立君以治之。明君不能獨治，則為臣以佐之。

此乃中國儒家傳統之政治職分論，晚明黃梨洲《明夷待訪錄》，〈原君〉、〈原臣〉兩篇要旨，此數語，正已涵括。宏之論史，其大體精神，亦由此引端。惟宏乃一衰世人物，又沉浸於當時清談學派之氛圍中，故其思想，多融會老莊道家，而究不失為以儒術為其思想體系之主幹。如云：

夫江湖所以濟舟，亦所以覆舟。仁義所以全身，亦所以亡身。然而先賢玉摧於前，來哲攘袂於後，豈天懷發中，而名教束物者乎？

此謂仁義亡身，即《莊子·外篇·駢拇》之旨也。然宏雖承認老莊一派所陳仁義亡身之事實。而其人生態度，則確然仍宗儒家。乃謂天懷發中，名教束物，是即仁義發於天懷，名教本之性真也。故使內外夾持，殺身成仁，舍生取義，其人其事，遂得不絕跡於斯世。斯正人道之可貴，不得以此轉譏於仁義。此即《中庸》天命之謂性，率性之謂道，修道之謂教之遺意也。故宏又曰：

身雖可亡，道不可隕。（《世說·文學》篇注引《晉陽秋》）

則其取捨從違之間，辭旨凜然矣。

然宏畢竟處衰世，乃不能無取於老莊。故曰：

時方顛沛，則顯不如隱。萬物思治，則默不如語。是以古之君子，不患弘道難，患遭時難。遭時匪難，遇君難。故有道無時，孟子所以咨嗟。有時無君，賈生所以垂泣。夫萬歲一期，有志之通塗。千載一遇，賢智之嘉會。遇之不能無欣，喪之何能無慨。

史稱宏生性彊正亮直，雖被桓溫禮遇，至於辯論，每不阿屈，故榮任不至。斯其所以寄慨之尤深歟？

二

自晚漢以來，人物臧否，特為時尚。宏有詠史之作，惜已不傳。《世說・文學》篇注：宏以夏侯泰初何平叔王輔嗣為正始名士，阮嗣宗嵇叔夜山巨源向子期劉伯倫阮仲容王濬仲為竹林名士，裴叔則樂彥輔王夷甫庾子嵩王安期阮千里衛叔寶謝幼輿為中朝名士。惜其所評論，文俱不傳，隻鱗片爪，偶見於後世類書所引（《御覽》四百四十七，〈七賢序〉），仍不足以見其評騭進退之大意。史稱宏為大司馬桓溫府記室，為〈東征賦〉，賦末列稱過江諸名德，而獨不載桓彝。伏滔先在溫府，與宏善，苦諫之，宏笑而不答。溫甚忿，不欲顯問。游山飲歸，命宏同載，眾為之懼。行數里，問宏：聞君作〈東征賦〉，多稱先賢，何故不及家君？又宏賦不及陶侃，侃子胡奴，嘗於曲室抽刃問宏，家公勳跡如此，君賦云何相忽？宏雖仗捷譎，皆獲避禍，然其不能直情徑辭，事亦可想。故又曰：

仁義不可不明，則時宗舉其致。生理不可安全，故達識攝其契。相與弘道，豈不遠哉？

故宏之自表見，僅在文史，而用心尤至者，則為其《後漢紀》。至其對於當世臧否，則無可得而深論也。

三

宏之《後漢紀》，特多論贊，可以備見其論史之宗旨。扼要言之，厥有兩端。一曰名教，二曰性理。

名教二字，近起於晉，樂廣所謂名教中自有樂地也。宏之論史，於名教尤所重視。其《後漢紀．自序》有云：

夫史傳之興，所以通古今而篤名教也。丘明之作，廣大悉備。史遷剖判六家，建立十書，非徒紀事而已。信足扶明義教，網羅治體。然未盡之。……荀悅才智經綸，足為嘉史，所述當世，大得治功，已矣。然名教之本，帝王高義，韞而未敘。今因前代遺事，略舉義教所歸，庶以宏敷王道，「彌」前史之闕。

則宏之重視名教之意可見。宏又稱名教為義教，名即義也。孟子曰：惻隱之心，仁之端也，羞惡之心，義之端也。若援宏說，則惻隱羞惡，即天懷發中也。立名仁義，本以為教，即是名教束物矣。故立名所以見義，而名之由立，實本人心。宏又說之曰：

夫名者，心志之標榜也。故行著一家，一家稱焉。德播一鄉，一鄉舉焉。故博愛之謂仁，辨惑之謂智，犯難之謂勇。因實之名，未有殊其本者也。太上遵理以修，實理著而名流。其次存名以為己，故物對。最下託名以勝物，故名盛而害深。故君子之人，洗心行道，唯恐德之不修，義之不高。崇善非以求名，而名彰於外。去惡非以邀譽，而譽宣於外。夫然，故名盛而人莫之害，譽高而世莫之爭。

此節最可注意者有兩語。一曰：名者心志之標榜。可見一切人文社會名義之建立，推求本原，皆出於人類心志之自然。即所謂天懷發中也。其次，宏謂太上遵理以修，理著而名流。則理者，即是天懷發中之本。《中庸》曰：天命之謂性，率性之謂道，修道之謂教。魏晉以下，喜用理字，而宏此處理字所指，即猶是天命與性。故遵理在前，流名在後。如博愛之謂仁，博愛即人之天性，亦即是天之所命，是即理也。遵此博愛之理，見之實事實行，乃因實立名，始謂之仁。則理即自然，名亦自然。仁義既出於自然之性理，仁義亦何害？魏晉時人思想，大體頗求參酌老莊，而匯歸之於孔孟。宏之此說，正見當時風氣。惟宏之所造詣，較之同時，特尤見為深美耳。

四

觀於上引，闡述宏意，可由名教而貫通於性理。蓋性理即名教之本，亦義教所歸也。宏又曰：

> 夫生而樂存，天之性也。困而思通，物之勢也。愛而效忠，情之用也。故生苟宜存，則四體之重，不可輕也。困必宜通，則天下之欲，不可去也。愛必宜用，則北面之節，不可廢也。此三塗者，其於趣舍之分，則有同異之辨矣。統體而觀，亦如天人之理也。

夫生必樂存，困必思通，愛必效忠，此皆人性自然。性出天賦，故此樂存思通效忠之事，皆即天人之理。宋儒謂性即理，此義魏晉人遠已言之，如宏亦其證矣。故如宏之說，即謂一切人事，一切歷史演變，皆由天理人性為之本原，固無不可。先秦老莊道家，特揭自然的歷史觀，反議儒家，謂儒家主張一切人文建設，皆違背自然，宏變其說，重建一種性理的歷史觀，為儒家迴護，謂性理即自然，若人文建設，一皆本之性理，即無背自然也。郭象注《莊》，亦特中此旨。惟象特玄言之，而宏之論史，則實言之，然其蘄於匯通儒道則一也。

宏又綜貫性理與名教而一言之，以推極於治道。其言曰：

> 夫稱至治者，非貴其無亂，貴萬物得所而不失其情也。言善教者，非貴其無害，貴性理不傷，性命咸遂也。故治之興，所以道通羣心，在乎萬物之生也。古之聖人知其如此，故作為名教，平章天下。天下既寧，萬物之生全也。保生遂性，久而安之，故名教之益萬物之情大也。當其治隆，則資教以全生。及其不足，則立身以重教。……夫道衰則教虧，幸免同乎茍生。教重則道存，滅身不為徒死。所以固名教也。汙隆者，世時之盛衰也。……而教道不絕者，任教之人存也。夫稱誠而動，以理為心，此情存乎名教者也。內不忘己，以（?）為身，此利名教者也。情於名教者少，故道深於千載。利名教者眾，故道顯於當年。……統體而觀，斯利名教之所取也。

此處兼言性理與性命，命為性之所由始，理為性之所由見。非命則性無所稟，非理則性無可見。故以性理性命并言。所貴於治道者，即貴其不傷性理，使群生性命咸遂，而名教則由性理而作。保生遂性，乃老莊所喜言，顧不知名教之與治道，即所以使人得保生遂性也。稱誠而動，以理為心，即率性之謂道也。情名教與利名教，則生知安行與學知利行之別也。老莊言自然率性，其流至於反對政治與教化。在宏之意，則治與教之緣起，皆本自然天性，而其呈效於人文社會者，亦即所以保遂其自然與天性也。

宏又一貫性理與名教而暢言之，其言曰：

> 夫君臣父子，名教之本也。然則，名教之作，何為者也？蓋準天地之性，求之自然之理，擬議以制其名，因循以弘其教。辨物成器，以通天下之務者也。……未有違失天地之性，而可以序定人倫，失乎自然之理，而可以彰明治體者也。

然則名與教，正準之理與性而立。立君臣父子之名，而教忠教孝，人文社會之有君臣父子之倫，正自自然生，正是因循於性理之自然也。

五

宏之為說，又有專本於理字以言治化者。如曰：

> 夫物有方，事有類。陽者從陽，陰者從陰。本乎天者親上，本乎地者親下，則天地人物，各以理應矣。故干其一物，是虧其氣，所犯彌眾，所以寒暑不調，四時失序，蓋由斯也。古之哲王，知治化本於天理，陶和在於物類。故道之德禮，威以刑戮，使賞必當功，罰必有罪，然後天地羣生，穆然交泰。故斬一木，傷一生，有不得其理，以為治道未盡也，而況百姓之命乎？

天理二字，本始〈樂記〉，而魏晉人屢言之，不俟宋儒始盛言天理也。宏謂治化本於天理，此即就老莊治化當本自然之旨而轉深一層說之，斯確然見其為儒義矣。

宏亦有專本於性情以言治化者。其言曰：

> 夫人生，合天地之道，感於事動，性之用也。故動用萬方，參差百品，莫不順乎道，本乎

情性者也。……故因其所弘則謂之風，節其所託則謂之流。自風而觀，則同異之趣可得而見。以流而尋，則好惡之心於是乎區別。是以古先哲王，必節順羣風，而導物為流之塗，而各使自盡其業，故能班敘萬物之才以成務，經綸王略，直道而行者也。中古陵遲，斯道替矣。上之才不能以至公御物，率以所好求物。下之人不能博通為善，必以合時為貴。故一方通而羣方塞矣。夫好通惡塞，萬物之情也。背異傾同，世俗之心也。中智且猶不免，而況常人乎？故欲進之士，斐然嚮風，相與矯性違真以徇一時之好，故所去不必同而不敢暴，則風俗遷矣。

宏之此節，蓋謂一切治化本原，皆當順於人之性情，而善為節導，俾使各盡所業，以共成天下之務。故治化本於天理，即是直道而行。若背於此義，在上者不以至公御物，而以私好求物，此乃一種權力政治，而在下者乃仰覬上之所好而揣摩趨附以求合，此乃一種功利世習。此《莊子·外篇·在宥》所謂將使天下之人淫其性，遷其德，而不安其性命之情者。然此非謂人文社會即可根本不需治化，乃謂治化之失其本原大義而致然也。

六

宏乃繼此而言為治立法之大義，其言曰：

自古在昔，有治之始，聖人順人心以濟亂，因去亂以立法，故濟亂所以為安，而兆眾仰其德。立法所以成治，而民氓悅其理。是以有法有理，以通乎樂治之心，而順人物之情者，豈可使法逆人心，而可使眾兆仰德。治與法違，而可使民氓悅服哉？由是言之，資大順以臣民，上言之道也。通分理以統物，不易之數也。……商鞅設連坐之令以治秦，韓非論捐灰之禁以教國，而修之者不足濟一時，持之者不能以經易世。何則？彼誠任一時之權利，而不通分理之至數也。故論法治之大體，必以聖人為準格。聖人之所務，必以大道通其法。……非理分而可以成治者，未之聞也。……推此以治，雖愚悖凶戾者，猶知法治所以使之得所而安其性者也。故或犯法逆順，亂倫反性者，皆眾之所疾，而法之所以加。是警一人而千萬人悅，則法理之分得也。夫然則上下安和，天下悅服，又何論於法逆於理，理與法違哉？

宏意謂一切法制，皆當順人情，通分理。所謂分理者，即是人之才性各異，情趣分別，職業多歧。若能本此立法，則法固可以濟亂，可以安眾。是則非法不當重，乃逆情違理之法之不可有也。

宏既論法，又論刑，其言曰：

夫民心樂全而不能常，蓋利用之物懸於外，而嗜慾之情動於內也。於是有進取陵競之行。希求放肆不已，不能充其嗜慾，則苟且僥倖之所生，……姦偽忿怒之所與。先王……欲救其弊，故先以德禮陶其心。其心不化，然後加以刑辟。……德刑之設，參而用之者也。……夫殺人者死，而相殺者不已，是大辟可以懲未殺，不能使天下無殺。……黥劓可以懼未刑，不能使天下無刑。故將欲止之，莫若先以德禮。夫罪過彰著，然後入於刑辟，是將殺人者不必刑也，縱而不死，則陷於刑辟矣。故刑之所制，在於不可移。禮教則不然。明其善惡，所以潛勸其情，消於未然也。示以恥辱，所以內「化」其心，治之未傷也。故過而不甚於著，罪薄而不及於刑也。終入辜辟，非教化之所得也。故雖殘一物之生，刑人之一體，是除天下之害，夫何傷哉？率斯道也，風化可以漸淳，刑罰可以漸少，其理然也。苟不化其心，而專任刑罰，民失義方，動陷刑網，求世休和，焉可得哉？

魏晉學者，精言刑法，宏之此論，彌見粹深。昔司馬遷謂申韓卑卑，循名責實，原於老莊。若如宏所指，先之以禮教，而德刑參用，則何致流於申韓之慘酷乎？宏亦深通老莊道家精神，乃能挽而會通之於儒術，則其識超出於韓非之徒遠矣。

宏又本此旨而言禮，其言曰：

> 禮，古之帝王所以篤化美俗，率民為善者也。因其自然，而不奪其情，民猶有不及，而況毀禮止哀，滅其天生乎？

宏謂禮亦因乎自然，本乎天性，所見卓矣。則又焉有所謂禮者忠信之薄而亂之首，而又復何有乎禮法豈為吾輩設之說乎？

宏又本此以言樂。其言曰：

> 樂之為用，有自來矣。……末世制作，不達音聲之本，感物乖化，失序乎情性之宜。故雖鐘鼓不足以動天地，金石不足以感人神，因輕音聲之用，以忽感導之方，豈不惑乎？善乎嵇生之言音聲曰：古之王者，承天理，必崇簡易之教，仰無為之理，君靜於上，臣順於下，大化潛通，天下交泰，羣臣安逸，自求多福。默然化道，懷忠抱義，而不覺其所以然也。和心足於內，則美言發於外。故歌以敘志，舞以宣情。然後文之以釆章，昭之以風雅，播

之以八音，感之以太和。導其神氣，養而就之，迎其悅情，致而明之，使心與理相順，言與聲相應，合乎會通，以濟其美。……故曰：移風易俗，莫善於樂。然樂之為體，以心為主，故無聲之樂，民之父母也。夫音聲和，至人情所不能已者也。是以古人知情不可放，故抑其所通。知慾不可絕，故因以致殺。故為可奉之禮，制可導之聲也。口不盡味，耳不極音，揆始之中，為之檢則，使遠近同風而不竭，亦所以結忠信，著不遷也。

然則禮樂皆出於自然，皆本乎情性，為言治化者所不可忽。尤其引嵇康叔夜之言，聲無哀樂，以心為體，和樂之興，上通天理。此皆魏晉人嘉言旨論，固不得與清談放蕩一概輕之也。

七

宏又本禮樂而言風俗，別華夷。其言曰：

夫民之性也，各有所稟。生其山川，習其土風。山川不同，則剛柔異氣。土風乖則楚夏殊音。是以五方之民，厥性不均。阻險平易，其俗亦異。況乃殊類絕域不賓之族，以其所稟受，有異於人，先王……故分其內外，阻以山川。……夫中國，……德禮陶鑄，為日久矣。

有一土一民，不行先王之道，必投之四裔，以同殊類。今承而內之，以亂大倫，違天地之性，錯聖人之化，不亦弊乎？昔伊川之祭，其禮先亡，識者觀之，知其必戎。況西羌北狄，雜居華土？嗚呼！六夷之有中國，其漸久矣！

此條因孝明納西羌降種而發。宏生值五胡侵佔中原，故言此尤沈痛。然其謂禮樂治教，當一本民性，而民性互異，則由於山川殊域，土風異宜，此皆深為明通之論，固非如老莊所謂建德之邦，赫胥氏之世，僅馳玄想，所能比擬矣。先秦老莊道家，一本其尊重自然之說，於治化禮樂法制，皆所輕反，徒遊心於有史以前無證之幻想。今宏則切據史事，既承襲老莊尊重天性自然之旨，而一一為治化禮法開陳新義，挽以重反之於儒術，兩漢以來，剴切深明，蓋未有也。

宏又進而言政治上之物質建設，儀文節制之事。其言曰：

昔聖人興天下之大利，除天下之大患，……使天下之民，各安其性命，而無夭昏之災。是以天下之民，親而愛之，敬而尊之。……故為之宮室，衛以垣牆。……為之旗旌，表以服章。……自民之心，而天下所欲心，而天下所欲為，故因而作制，為之節文。始自衣裳，至於車服，……各有品數。……盡其器用，備物而不以為奢，適務而不以為儉。……末世之主，行其淫志，……崇屋而不厭其高，玄黃而未盡其飾。於是民力殫盡，而天下咸怨。

此其為說，頗近荀卿。惟荀卿立論，似偏就政治體制言，宏則就為政者之興利除害，得民尊親而樂為以為言，則較荀尤深允矣。蓋荀主性惡，旨重戡天，矯枉過正，力求反道家之說，而不悟其轉陷於偏狹也。

宏又進而論治道之不能以無主，其言曰：

《書》稱協和萬邦，《易》曰萬國咸甯，然則諸侯之治建於上古，未有知其所始者也。嘗試言之，曰：夫百人聚，不亂則散，以一人為主，則斯治矣。有主則治，無主則亂，故分而主之，則諸侯之勢成矣。總而君之，則王者之權定矣。然分而主之，必經綸而後寧。揔而君之，必統體而後安。然則經綸之方，在乎設官分職，因萬物之所能。統體之道，在乎至公無私，而天下均其欲。故帝王之作，必建萬國而樹親賢，置百司而班羣才，所以不私諸己，……分其力任。……雖富有天下，綜理不過王畿。……故眾務簡而才有餘，所任輕而事不滯。……秦有天下，毀廢五等，……傾天下之珍，以奉一身之欲。舉四海之務，以關一人之聽。故財有餘而天下分，怨不理而四海叛。……由此觀之，五等之治，歷載彌長。雖元首不康，諸侯不為失政。一國不治，天下不為之亂。故時有革代之變，而無土崩之勢。郡縣之立，禍亂實多。君無常君之民，尊卑迭而無別，去來似於過客。人務一時之功，家有苟且之計。機務充於王府，權重并於京師。……是以閭閻不淨，四海為之鼎沸。天網一弛，六合為之窮兵。夫安勢著於古代，歷代之君，莫能創改，欲天下不亂，其可得乎？

此因政治必戴元首，而特推眾建諸侯之美。蓋有鑒於秦漢以來，王室積禍，故鮑敬有無君之論，而宏則不為偏激，深觀史變，而主封建。封建即分權，即宏之所謂經綸也。此後晚明大儒顧炎武顏元之流，亦有鑒於明室之驟亡而議主封建，尋其為論，亦無以踰乎宏之所陳也。

宏既主眾建諸侯，因亦主弗勤遠略，然此實非《老子》小國寡民之說，乃儒家傳統內中國而外夷狄之遺旨也。其言曰：

古之有天下者，非欲制御之也。貴在安靜之。故修己不求於物，治內不務於外。自小至大，自近及遠，樹之有本，枝之有葉，故郊畿固而九服寧，中國實而四夷賓。夫唐虞之盛，……正朔所及，五千而已。……三代建國，弗勤遠略。岐邠江淮之間，習其故俗。朔野遼海之域，戎服不改。……君臣泰然，不以區宇為狹。故能天下乂安，享國長久。至於秦漢，開其丘宇，方於三五之宅，故以數倍矣。然顧瞻天下，未厭其心。乃復西通諸國，東略海外。故地廣而威刑不制，境遠而風化不同。禍亂薦臻，豈不斯失。……故域外之事興，僥倖之人至矣。

此節因論班超而發。晚近西歐帝國主義之勃興，若以中國儒家義繩之，斯亦徼倖之人，鼓動生事，為王道所不取。而帝國基業，亦終不可久。豈非以地廣而威刑不制，境遠而風化不同之所限乎？

八

宏論政權分合，國制大小，義具上引。又論君權轉移，深闡禪讓與革命之皆出於自然。其言曰：

夫君位，萬物之所重，王道之至公。所重在德，則弘濟於仁義。至公無私，故變通極於代謝。古之聖人，知盛衰有時而然，故大建名教，以統羣生。本諸天人而深其關鍵。以德相傳，則禪讓之道也。暴極則變，則革代之義也。廢興取與，各有其會。因時觀民，理盡而動。……有德之興，靡不由之。

就政治職分論其大義，則君位亦一職也。失職自當易位，此正治化之天理。在中國，固無君權神聖萬世一統之說。然君位既萬物所重，則理不盡，固未可輕率而擬議之。宏之此節，因魏文代漢而發。雖曰君理既盡，雖庸夫得自絕於桀紂。而謂漢德未衰，以不可取之實，而冒揖讓之名。因輔弼之功，而當代德之號。欲比德堯舜，豈不誣哉？自今平心論之，宏所云云，要是當時正議，不得以近代人見解，謂其助長君權也。

宏論君位君權之轉移，其說具如上述。又論舉賢，謂：

> 夫帝王之道，莫大於舉賢。舉賢之義，各有其方。班爵以功，歷試而進，經常之道也。若大德奇才，可以光昭王道，弘濟生民，雖在泥塗，超之可也。

既論舉賢，又論任賢，其言曰：

> 夫金剛水柔，性之別也。員行方止，器之異也。故善御性者，不違金水之質。善為器者，不易方圓之用。物誠有之，人亦宜然。故肆然獨往，不可襲以章服者，山林之性也。鞠躬履方，可屈而為用者，廟堂之材也。是以先王順而通之，使各得其性，故有內外隱顯之道。為末世凌遲，治亂多端，隱者之作，其流眾矣。或利競滋興，靜以鎮世。或時難迍邅，處以全身。或性不和物，退以圖安。或情不能嘿，卷以避禍。……有道之君，皆禮而崇之，所以抑進取而止躁競也。嗚呼！世俗之賓，方抵掌而擊之，以為譏笑，豈不哀哉！

宏生丁衰亂，特倡崇隱之說。伯夷之清，伊尹之任，其有關世道一也。中國史上乃特有隱士一流，其於亂世，所以維繫世運，保全生民之元氣者，貢獻實大。若為治者僅知任賢，而忽於尊隱，是猶知其一而昧其一耳。隱淪之風，若汲於老莊道家言為多。宏之斯論，會通儒道，斟酌兩盡，厥識卓矣。至於嵇康被禍，嵇紹復出，凡此之類，居亂世而不獲遂其隱退之情，而終以遭殺身之禍者，斯尤宏之所以致深慨也。

宏論舉賢，又論選善，其言曰：

夫稱善人者，不必無一惡。言惡人者，不必無一善。……善不絕惡，故善人務去其惡。惡不絕善，故惡人猶貴於善。夫然，故惡理常賤，而善理常貴。……苟善理常貴，則君子之道存也。……善義之積，一人之身耳，非有萬物之助，而天下莫敢違，豈非道存故也。古之帝王，恐年命不長，懼季世之陵遲，故辨方設位，明其輕重，選羣臣之善，以為社稷之寄。蓋取其道存，能為天下正。嗚呼！善人之益，豈不大哉！

《論語》：政者正也。《莊子》曰：受命於天，惟舜獨也正。幸能正生，以正眾生。宏主為政者選善以為天下正，此亦其真能會通儒道以立說之一端也。

九

凡宏論政，其舉舉大端，粗備上引。宏又綜論上古以迄季漢歷代政治風俗之利弊得失，而具陳其理想。其言曰：

古之為政，必置三公以論道德，樹六卿以議庶事。百司箴規諷諫，閭閻講肄，以修明業。於是觀行於鄉閭，察議於親鄰，舉禮於朝廷，考績於所涖。使言足以宣彼我，而不至於辨也。義足以通物心，而不至於為佞也。學足以通古今，而不至於為文也。直足以明正順，而不至於為狂也。野不議朝，處不談務，少不論長，賤不辯貴，先王之教也。傳曰：不在其位，不謀其政，天下有道，庶人不議，此之謂矣。苟失斯道，庶人干政，權移於下，物競所能，人輕其死，所以亂也。

此節乃有感於季漢黨錮之禍而發。誠主政治職分論者，其理想之政府，固必至此，斯在下者自將無所議於上。庶人之議，亦在上之失職有以致之。即如近代西方民主政治之興起，苟使彼時為政者，不失其應盡之責任，亦何致舉國騷動，王侯尊貴，一時齊上斷頭臺，而社會群眾死者，舉國量若蕉乎？是則所謂庶人不議，僅以測政府盡職之所至，固非阻抑物情，禁防輿論，以便專制暴政之得以長肆於民上也。

老莊言自然，其所貴者有二。首在順安性命之情，次則因應時會之變。此二義者，雖懸百世，莫可與易。宏之論政，大率本此兩義。順性之說，前引具詳。其論因時隨變，亦有卓識。其言曰：

會通異議，質文不同。……何邪？所遇之時異也。夫奕者之思，盡於一局，聖人之明，周於天下。苟一局之勢未嘗盡同，則天下之事豈必相襲哉？……經籍者，寫載先聖之軌迹者也。聖人之迹不同如彼，後之學者，欲齊之如此，焉可得哉？故曰：《詩》之失愚，《書》之失誣，《易》之失賊，《禮》之失煩，《春秋》之失亂，不可不察。聖人所以存先代之禮，兼六籍之文，將以廣物慣心，通於古今之道。今去聖人，幾將千年。風俗民情治化之術將數變矣，而漢初諸儒，多案《春秋》，《春秋》之中，復有同異。……是非之倫，不可勝言。六經之道不可得詳，而治體云為，遷易無度矣。昔仲尼沒而微言絕，七十子喪而大義乖。諸子之言，紛然散亂。太史公談判而定之，以為六家。班固演其所而明九流。觀其所由，皆聖王之道也。支流區別，各成一家之言。夫物必有宗，事必有主，雖治道彌綸，所明殊方，舉其綱契，必有所歸。尋史談之言，以道家為統，班固之論，以儒家為高。二家之說，未知所辯。嘗試論之，曰：……先王教化之道，居極則玄默之以司契，運通則仁愛之以教化。故道明其本，儒言其用，其可知也。……陰陽，……名，……法，……墨，……斯乃隨時之迹，總而為治者也。後之言者，各演一家之理，以為天下法，儒道且猶紛然，而況四家者乎？夫為棺椁，遂有厚葬之弊，喪欲速朽，亦有棄尸之患。因聖人之言迹，而為支辯之說者，焉可數哉？

蓋古之良史，莫不賅貫古今，兼通百家，然後可以立一定見，而憑之進退人物，臧否治道，以勒成一代之信史，而懸為後世之龜鑒。孔子《春秋》尚矣。繼此有述，如司馬氏論六家要旨，班氏述九流得失，此皆良史之才，夫豈偶焉而已。宏之此節，蓋自附於孔子馬班之遺意，所謂道明其本，儒言其用，一部《東漢紀》，即本此作。凡本篇所稱引，其論議評隲，皆此二語可以賅之，此亦袁氏一家之言也。范曄《後漢書》，特汲其餘緒，而陳壽《三國志》，則距此尤遠。後世特以宏書有紀無傳，不獲預於正史之列，遂忽而輕之。然此乃著書體製，非關史識也。其論經籍，謂是寫載先王之軌跡，此即後世所謂六經皆史，莊子所謂古人之糟粕。又曰：六經先王之陳跡，而非其所以跡。以此較之漢儒尊經，豈不卓出遠甚乎？夫尚論古代學術者，必先六經，次百家。司馬遷著《史記》，自謂聞之董生，本原《春秋》，其意在以史代經，而發明其所以跡。故班氏分別九流，司馬《史記》列六藝春秋略。則經即舊史，史即新經，此惟馬班下迄於宏，抱此宏旨，而後無嗣響矣！爰就宏言，粗為部勒，欲治中國政治思想史，中國史學史者，皆可取材。至於尚論魏晉學術思想，此尤卓然成一家之言，不當忽而不顧也。

此稿成於民國四十四年

讀《文選》

一

建安時代在中國文學史上乃一極關重要之時代，因純文學獨立價值之覺醒在此時期也。《詩》、《書》以下迄於《春秋》乃及諸子百家言，文字特以供某種特定之使用，不得謂之純文學。純文學作品當自屈子〈離騷〉始。然屈原特以一政治家，忠愛之忱不得當於君國，始發憤而為此。在屈原固非有意欲為一文人，其作〈離騷〉，亦非有意欲創造一文學作品。漢代如枚乘司馬相如諸人，始得謂之是文人。其所為賦，亦可謂是一種純文學。然論其作意，特以備宮廷帝王一時之娛，而藉以為進身之階，仍不得謂有一種純文學獨立價值之覺醒存其心中也。

我所謂純文學獨立價值之覺醒，當於魏文帝曹丕之《典論・論文》得其證。《典論・論文》之言曰：

蓋文章，經國之大業，不朽之盛事。年壽有時而盡，榮樂止乎其身，二者必至之常期，未若文章之無窮。是以古之作者，寄身於翰墨，見意於篇籍，不假良史之辭，不託飛馳之勢，而身名自傳於後。

此始可謂是文學獨立價值之覺醒。試以陳思王曹植〈與楊德祖書〉所言較之，便見意境迥不相侔。〈書〉謂：

辭賦小道，固未足以揄揚大義，彰示來世也。昔楊子雲，先朝執戟之臣耳，猶稱壯夫不為也。吾雖薄德，位為藩侯，猶庶幾戮力上國，流惠下民，建永世之業，流金石之功，豈徒以翰墨為勳績，辭賦為君子哉！若吾志未果，吾道不行，將采庶官之實錄，辯時俗之得失，定仁義之衷，成一家之言。雖未能藏之於名山，將以傳之於同好。

此乃一種傳統意見，惟認經史百家言為有價值，不認純文學作品之同樣有價值也。楊德祖答書，頗持異議，謂：

今之賦頌，古詩之流，不更孔公，風雅無別耳。脩家子雲，老不曉事，彊著一書，悔其少作。若此，仲尼周旦之疇，為皆有諐耶。君侯忘聖賢之顯迹，述鄙宗之過言，竊以為未之思也。若乃不忘經國之大美，流千載之英聲，銘功景鐘，書名竹帛，斯自雅量素所蓄也，豈與文章相妨害哉？

足徵文章一觀念，其時已漸臻獨立，堪與功業著作鼎峙匹對矣。

文章觀念既漸臻獨立，斯必進而注意文章之獨特體性與其獨特技巧，此亦在魏文帝《典論・論文》始發其旨。其言曰：

夫文，本同而末異。蓋奏議宜雅，書論宜理，銘誄尚實，詩賦欲麗，此四科不同，故能之者偏也。唯通才能備其體。

又曰：

文以氣為主。氣之清濁有體，不可力彊而致。譬諸音樂，曲度雖均，節奏同檢，至於引氣不齊，巧拙有素，雖在父兄，不能以移子弟。

此分文章為四科，曰奏議，曰書論，曰銘誄，曰詩賦，是即後世所謂散體文與詩歌辭賦之兩大類。而自《詩》、《書》以下，《春秋》、《史記》諸子百家言顧皆不預，此非文章觀念漸臻獨立之又一明證乎？文章既有獨特之體，斯必有其獨特之性，魏文帝專拈一氣字說之，又以音樂為譬，於是文章遂成為一種獨特之藝術，有其獨特之技巧，此義前人所未道，故曰純文學獨特價值之覺醒，在此時也。

故魏文帝《典論・論文》在中國文學史上，實具有莫大貢獻。文學本身具有不朽價值之明白主張，一也。開始提出文章之分體觀，又指出各體文章之主要體性，即間接提供文章技巧之主要秘密，而遂確切奠定文學之藝術意義，二也。然建安文學之所以成其為一種開創，亦必至是而始得以純文學作品目之者，則尚有故，請更引伸而備論之。

二

蓋建安文學之所由異於其前者，古之為文，則莫不於社會實際世務有某種特定之應用。經史百家皆然。故古有文章而無文人。下逮兩漢，前漢有〈儒林〉，無〈文苑〉。賈董匡劉皆儒生也。惟鄒枚司馬相如之徒，不列〈儒林〉，是先已有文人之格，而尚無文人之稱。〈文苑〉立傳，事始東京，至是乃有所謂文人者出現。有文人，斯有文人之文。文人之文之特徵，在其無意於在人事上作特種之施用。即如上舉奏議書論銘誄詩賦四者，亦多應事成篇，尚非專一純意於為文，亦尚非文人之文之至者。其至者，則僅以個人自我作中心，以日常生活為題材，抒寫性靈，歌唱情感，不復以世用攖懷。是惟莊周氏之所謂無用之用，荀子譏之，謂其知有天而不知有人者，庶幾近之。循此乃有所謂純文學。故純文學作品之產生，論其淵源，不如謂其乃導始於道家。如一遵孔孟荀董舊轍，專以用世為懷，殆不可有純文學。故其機運轉變，必待之東漢。至建安，乃始有彰著之特姿異采呈現也。

所謂建安文學之特姿異采，可舉魏武帝曹操〈述志令〉為例。詔令一體，其在兩漢，莊嚴樸重，辭不風華，語忌佻易，此帝王廟堂體製也。至魏武作〈述志令〉，論其當時之地位，既已身為丞相，三子封侯，貴冠群倫。其作為令，亦以告其僚屬，正猶古者詔誥之體。而魏武乃自述平生志願身世，辭繁不殺，宛轉如數家常。自稱欲傳道我心，又曰：懇敘心腹，所言皆肝鬲之要。此始成其為一種文人之文。雖亦用之於政令，而文體實屬新創，此蓋其時風尚意態之變之影響於文運則然耳。

其次可徵建安文學之特姿異采者，可舉王粲〈登樓賦〉為說。漢人作賦，其先特承襲戰國縱橫策士遺風，鋪張形勢，誇述榮強，所以歆動人主，別有期求。其下者，又濟之以神仙長生，歌舞醪牢，馳騁畋獵之娛，狗馬聲色之奉。大體不越於是矣。漢之初興，天下未定，其時則有蒯通之徒。逮及文景，諸侯王驕縱，吳梁淮南盛招賓客，乃有鄒陽枚乘之輩。司馬相如由蜀赴梁，遂承其風而通其術，而為之更益閎麗。武帝嘗讀其〈子虛賦〉而善之，訪求相問，相如曰：此諸侯之事，不足觀，請為天子遊獵之賦。於是乃賦〈上林〉。蓋由列國策士，轉成宮廷清客，其所為，主要在為皇朝作揄揚鼓吹，為人主供怡悅消遣，僅務藻飾，不見內心。揚雄亦蜀人，慕效其鄉先輩司馬長卿之所為，聿來漢廷，賦〈甘泉〉，賦〈長楊〉，然已時移世易，成哀之衰微，豈能與武帝一朝如日中天之比。無怪子雲晚而悔之，既閣筆不復為辭賦，乃下簾寂寂，模《論語》作《法言》，效《易》草《太玄》。是徵子雲雖擅文人之筆，而乏文人之趣，彼似不知文人之自有天地，自有園囿。章如愚《群書考索》謂：雄之《太玄》、《法言》，蓋亦〈長楊〉、〈校獵〉之流，而粗變其音節，此評可謂苛而深矣。

東漢班孟堅繼起，時當漢室重光，乃賦〈兩都〉，其言曰：

> 今論者但知誦虞夏之《書》，詠殷周之《詩》，講羲文之《易》，論孔氏之《春秋》，罕能精

古今之清濁，究漢德之所由。

又曰：

賦者，古詩之流也。昔成康沒而頌聲寢，王澤竭而詩不作。大漢初定，日不暇給。至於武宣之世，乃崇禮官，考文章，內設金馬石渠之署，外興樂府協律之事，以興廢繼絕，潤色鴻業。言談侍從之臣，若司馬相如虞丘壽王東方朔枚皋王褒劉向之屬，朝夕論思，日月獻納，而公卿大臣御史大夫倪寬，太常孔臧，太中大夫董仲舒，宗正劉德，太子太傅蕭望之等，時時間作。或以抒下情而通諷諭，或以宣上德而盡忠孝。雍容揄揚，著於後嗣，抑亦雅頌之亞也。故孝成之世，論而錄之，蓋奏御者千有餘篇，而後大漢之文章，炳焉與三代同風。

班氏所言，意求提高漢賦地位，欲使上媲雅頌，洵所謂攄懷舊之蓄念，發思古之幽情矣。而究其所為，亦不過曰揚緝熙，宣皇風，下舞上歌，蹈德詠仁，僅以為時王昭代張大光美耳。故班氏之自稱曰：

義正乎揚雄，事實乎相如。

子雲仕衰微之朝，而虛騁頌美之辭，故曰義不正。長卿當盛德之世，而徒壯上林之樂，故曰事不實也。

繼班氏而作者，有張平子之賦〈兩京〉，尋其意趣，亦不過曰一反陋今榮古之俗，求躋大漢之德馨於上古三代之盛而已。如班張二人之所為，姑無論其當否，要之時過境遷，太平不復睹，則頌聲難為繼。班張所唱，事必中竭，無可常續，斷不能與雅頌之輔治道者相媲矣。

抑班張之作，雖曰思古懷舊，力追昔人之前軫，而實有其開新之一面。前漢諸賦，大體多在舖張揄揚，題材取諸在外。至於班張，始有敘述自我私生活與描寫一己之內心情志者，如孟堅〈幽通賦〉，平子〈思玄賦〉，此皆體襲楚〈騷〉，義近靈均，此乃班張作賦之另一面也。而平子〈歸田〉一賦，尤為傑出。在其前者，有班叔皮之〈北征〉，曹大家之〈東征〉，亦以作者自我私生活為題材。《漢書・敘傳》稱：桓譚欲借班嗣家書，嗣報曰：漁釣一壑，則萬物不奸其志。棲遲一邱，則天下不易其樂。〈敘傳〉又稱，嗣性好老莊，叔皮嗣之從弟，實亦染道家言。〈北征〉之亂曰：

夫子固窮，遊藝文兮。樂以忘憂，惟聖賢兮。達人從事，有儀則兮。行止屈申，與時息兮。

所陳雖本儒訓，情趣實兼聃周。此風直至建安，乃無弗然。吳質〈答東阿王〉，所謂鑽仲父之遺訓，覽老氏之要言也。

惠姬承其家學，其〈東征〉之亂曰：

君子之思，必成文兮。盍各言志，慕古人兮。先君行止，則有作兮。雖其不敏，敢不法兮。

又曰：

貴賤貧富，不可求兮。正身履道，以俟時兮。脩短之運，愚智同兮。靖恭委命，唯吉凶兮。敬慎無怠，思嗛約兮。清靜少欲，師公綽兮。

班氏一門，既薰陶於莊老者至深，故能遊藝述志，蕭然自申於塵俗之外而無所於屈。以此較之馬揚之所為，亦所謂昂首天外，遊神物表，清濁既別，霄壤斯判。故曰中國純文學之興起，論其淵源，當上溯之於道家言，即此亦其證也。

孟堅〈幽通賦〉屢及道字，曰：道混成而自然兮。又曰：矧耽躬於道真。則孟堅亦承其家學，而沉浸於道家言。其亂曰：

天造草昧，立性命兮。復心弘道，惟聖賢兮。渾元運物，流不處矣。保身遺名，民之表兮。

此亦道家言也。沈約〈宋書謝靈運傳論〉，謂自漢至魏，四百餘年，辭人才子，文體三變：相如工為形似之言，二班長於情理之說，子建仲宣以氣質為體，此亦以班氏父子為前漢至建安中間一過渡也。

平子題標〈思玄〉，其宗《老子》更顯。故曰：

御六藝之珍駕兮，遊道德之平林。結典籍而為罟兮，敺儒墨而為禽。玩陰陽之變化兮，詠雅頌之徽音。嘉曾氏之歸耕兮，慕歷阪之嶔崟。

其亂曰：

天長地遠歲不留，俟河之清祇懷憂。願得遠渡以自娛，上下無常窮六區。超踰騰躍絕世俗，飄颻神舉逞所欲。天不可階仙夫稀，栢舟悄悄吝不飛，松喬高峙孰能離，結精遠遊使心攜。迴志朅來從玄諆，獲我所求夫何思。

時命屯邅，儒術難施，遂逃而從玄，情趣顯然矣。其尤皎著者在〈歸田賦〉。五臣李周翰曰：

衡遊京師，四十不仕。順帝時，閹官用事，欲歸田里，故作是賦。

其辭曰：

遊都邑以永久，無明略以佐時。徒臨川以羨魚，俟河清以未期。……諒天道之微昧，追漁父以同嬉。超埃塵以遐逝，與世事乎長辭。……仲春令月，時和氣清。原隰鬱茂，百草滋榮。王雎鼓翼，倉庚哀鳴，交頸頡頏，關關嚶嚶，於焉逍遙，聊以娛情。爾乃龍吟方澤，虎嘯山丘，仰飛纖繳，俯釣長流。觸矢而斃，貪餌吞鉤。……于時曜靈俄景，繼以望舒。極盤遊之至樂，雖日夕而忘劬。感老氏之遺誡，將迴駕乎蓬廬。彈五絃之妙指，詠周孔之圖書。揮翰墨以奮藻，陳三皇之軌模。苟縱心於域外，安知榮辱之所如。

此殆如陶彭澤〈歸去來辭〉。沈約〈宋書謝靈運傳論〉稱之，曰：平子豔發，文以情變，絕唱高蹤，久無嗣響。可證文章本乎意境，意境隨乎時事。世運既衰，莊老斯興。用世之情歇，而適己之願張。不供廟堂作頌，乃為自我抒鬱。作者一己之心情變，而文運亦隨而變。班張兩家，同在其一身先後之間，而意氣之盛衰，文辭之豐清，可以迥然不同。而莊老道家言，其於此下新文學之關係，亦其證鑿鑿矣。

然大體言之，班張兩家，題材已新，文體猶舊。藻重則情不彰，辭麗而景不切。馬揚繁縟，僅求形似，本乏內心。班張效其體，猶之瓔珞稠披，難於妙舞。鏗鎗雜陳，掩其清音。此正莊生之所譏文滅質而博溺心也。故知〈歸田〉一賦之清新灑落，如溽暑之候而涼風徐拂之尤為爽人心脾也。

逮及建安，王仲宣〈登樓賦〉一出，而始格貌全新，體態異舊。此猶美人罷宴，卸冠佩，洗芳澤，輕裝宜體，颦笑呈真。雖若典重有減，而實氣韻生動。自此以降，田野重於廟堂，閨房光於殿閣，題材意境，辭藻體氣，一切皆變。此風一暢，不可復止。昔人亦有言，歡樂之辭難精，憂虞之言易工，梧桐葉落，潭水始清，此亦時代之影響心情，心情之激發文辭者則然也。

抑又有進者。尋班張二家之作，不意存雅頌，即心冀玄曠。究其識趣所極，不曰《詩》、《書》，則曰老氏。古人著述，六藝百家，途轍分明，存著其胸懷間，其辭則倣揚馬，其情則追孔老，固未能空所依傍，豁見己真也。王粲〈登樓〉則不然，即就目前之景色，直抒心中之存抱，非經非子，不老不孔，而粹然惟見其為文人之文焉。宜乎魏文特稱之，曰仲宣獨自善於辭賦矣。故曰文學獨立之覺醒，必至建安而始然。因建安為文，心中若無古人，此尤其長也。章實齋《文史通義》，必謂著作衰而後有文集，此亦一偏之見，未為公允之論。然此亦非謂班張才情於此有不逮，而建安之造詣乃始獨出也。蓋文運之遞變，移步換形，方其未達，雖極智難於強窺，及其既到，而當時有不知其已然者。此中甘苦，苟能略曉一二，亦庶可以稍息狂瞽者之妄為主張，而輕肆譏評焉耳。

三

然論建安文體，固尚不以此為極則。竊謂當時新文佳構，尤秀出者，當推魏文陳思之書札。此等尤屬眼前景色，口邊談吐，極平常，極真率，書札本非文，彼等亦若無意於為文，而遂成其為千古之至文焉。至是而文章與生活與心情，三者融洽合一，更不見隔閡所在。蓋文章之新穎，首要在於題材之擇取，而書札有文無題，無題乃無拘束，可以稱心欲言也。古人書札，亦有上乘絕頂之作，如樂毅之〈報燕惠王〉，司馬子長之〈報任少卿〉，皆是也。然皆有事乃發，雖無題而有事。建安書牘，乃多並事無之，僅是有意為文耳。無事而僅為文，所以成其為文人之文。文人之文而臻於極境，乃所以成其為一種純文藝作品也。

然建安諸子，誠已到此境界，卻仍未鮮明擴開此意識。不僅陳思王如此，即魏文帝亦復如此。故其《典論・論文》，終曰：惟徐幹能著論成一家言。又其〈與吳質書〉亦曰：偉長著《中論》二十篇，成一家之言，辭義典雅，足傳於後，此子為不朽矣。魏文屢稱徐幹，又深惜應璩，曰：德璉常斐然有述作之意，其才學足以著書。美意不遂，良可痛惜。是魏文心中所追向，亦仍以古人著書成一家言者為其最高之準則。彼固未嘗確認彼當時所隨意抒寫，傾吐心膈，薄物短篇，若無事為文者，而終能為文章之絕唱，亦可與古者一家之言同傳於不朽也。

故建安以下作者繼起，終是結習難袪，為文以賦為大宗，為賦仍自以漢人為極則。左太沖賦〈三都〉，構思十稔，洛陽為之紙貴，是其證也。陸機〈文賦〉有云：

誇目者尚奢，愜心者貴當。言窮者無隘，論達者唯曠。詩緣情而綺靡，賦體物而瀏亮。

亮哉斯言。蓋賦以體物，正貴窮言誇目。詩本緣情，乃求曠懷愜心。所謂曠者，乃指心中無事物，無存藏，乃可直睹心真，而本以為言，乃有所謂愜心而得當也。陸氏又言之，曰：

課虛無以責有，叩寂寞而求音。函緜邈於尺素，吐滂沛乎寸心。

凡茲所言，皆妙發詩人之深致。若操毫為賦，何待課虛無，叩寂寞乎？若馬揚之為，累牘盈篇，惟堆浮艷，更復於何處覓其方寸之所蘊蓄乎？至如平子〈歸田〉，仲宣〈登樓〉，正以緣情而有作，豈在象事體物之必窮形而盡相乎？文心不同，題材亦別，後之作者，猶相競以賦體為之，此所謂舊瓶盛新酒也。

四

然則為建安文風開先者，當在詩，而非賦。瞭於此義，乃可以論「古詩十九首」之年代。「古詩十九首」應出東漢，其事確鑿有內證。如曰：

驅車策駑馬，游戲宛與洛。洛中何鬱鬱，冠帶自相索。

又曰：

驅車上東門，遙望郭北墓。

此等詩明出東漢，昔人多已言之矣。至云：

明月皎夜光，促織鳴東壁，玉衡指孟冬，眾星何歷歷。白露霑野草，時節忽復易。秋蟬鳴樹間，玄鳥逝安適。

李善曰：

《春秋運斗樞》曰：北斗七星，第五曰玉衡。《淮南子》曰：孟秋之月，招搖指申。然上云促織，下云秋蟬，明是漢之孟冬，非夏之孟冬矣。《漢書》曰：高祖十月至灞上，故以十月為歲首。漢之孟冬，今之七月矣。

此條若確證此詩應在漢武太初改曆之前。然太初以前，雖以十月為歲首，而四季之名實未改，此事清儒王引之考之甚詳，則此詩之孟冬，蓋是孟秋字譌耳。

又如曰：

凜凜歲云暮，螻蛄夕鳴悲。涼風率已厲，游子寒無衣。

李善曰：

《禮記》曰：孟秋之月涼風至。

或者又疑：七月涼風至而云歲暮，似亦太初前以十月為歲首故云。不悟此詩並不言涼風初至，而云涼風已厲。涼風至為七月，涼風厲豈亦在七月乎？

又如曰：

迴風動地起，秋草萋已綠。四時更變化，歲暮一何速。

此若秋草緊接歲暮，而細審仍未是。五臣注呂向曰：

秋草既衰，復盛綠。萋，盛貌。

蓋草衰在秋，復盛萋綠在冬，而草長則在春。此皆不足證「古詩十九首」有出武帝太初改曆前者。

徐陵《玉臺新詠》以〈行行重行行〉、〈青青河畔草〉、〈西北有高樓〉、〈涉江采芙蓉〉、〈庭中有奇樹〉、〈迢迢牽牛星〉、〈東城高且長〉、〈明月何皎皎〉八首皆枚乘作。或曰：子又烏以見《玉臺新詠》之必無據，而此八詩之必非枚乘作乎？曰：治文學史者，首貴能識別時代，又貴能直探各時代作者之文心。西漢正是辭賦時代，世運方隆，作者多氣浮情誇，追慕在外，曾未觸及一己內心深處，又於人生悲涼面甚少體悟。劉勰《文心雕龍》云：漢成帝品錄樂府詩三百餘篇，不見有五言。竊謂縱云西漢可有五言詩，亦終不能有「古詩十九首」。「古詩十九首」乃衰世哀音，迴腸盪氣，感慨蒼涼。鍾嶸《詩品》謂其驚心動魄，一字千金者是也。方其時，煊爛已過，木落潭清，凡屬外面之藻飾鋪張，既已無可留戀，乃返就眼前事，直吐心中話，其意興蕭颯，寄託沈鬱，已開詩人之時代，遠與西漢辭賦蹊徑隔闊。且西漢人心中僅知有黃老，而「古詩十九首」則轉途向老莊，此又絕不同也。枚乘尚在漢武前，廁身吳梁游士賓客間，於吳濞驕悖，梁王奢縱，皆有諍諷。景帝曾拜為弘農都尉。及武帝即位，又蒲輪徵之，死於道路。此人畢生在政治場中，關心世事。《玉臺新詠》所隸八詩，皆與其身世經涉社會情況有不類。且乘於當時文士圈中負盛名，為魁傑。其子枚皋，又入武帝內廷，一時辭賦之士，皆所交游。若乘生前吟此八詩，新體別創，偉辭獨鑄，何其後絕無人焉慕而傚之，埋藏冷落兩百年，必待東漢季世，此種五言詩體乃又一時崛興，與此枚乘八詩，遙相應接乎？此又無說以處者。

朱彝尊《曝書亭集・書玉臺新詠後》，謂

> 「古詩十九首」，以徐陵《玉臺新詠》勘之，枚乘詩居其八。至〈驅車上東門〉，載《樂府・雜曲歌辭》。其餘六首，《玉臺新詠》不錄。就《文選》本第十五首而論，生年不滿百，常懷千歲憂，晝短苦夜長，何不秉燭遊，則〈西門行〉古辭也。古辭夫為樂，為樂當及時，何能坐愁怫鬱，而復待來茲。而《文選》更之曰：為樂當及時，何能待來茲。古辭貪財愛惜費，但為後世嗤，而《文選》更之曰：愚者愛惜費，但為後世嗤。古辭自非仙人王子喬，計會壽命難與期，而《文選》更之曰：仙人王子喬，難可與等期。裁剪長短句作五言，移易其前後，雜糅置十九首中，沒枚乘等姓名，概題曰古詩，要之皆出文選樓中諸學士之手也。

朱氏此辨，極為無理。一文體之新創，往往可出於幾許不知名人之手，乃益證其天籟心聲，妙出自然。《文選》所載詩篇，無不備詳作者主名，何獨於枚乘八詩必加以掩沒乎？若謂〈生年不滿百〉一首由古辭來，此可謂五言詩與樂府古辭有關係，不知何人，裁剪此篇成五言，事亦可有，何必定出《文選》樓中諸學士乎？至近人梁啟超辨之則曰：

〈西門行〉古辭，《樂府詩集》引《古今樂錄》，謂據王僧虔《技錄》〈古西門〉一篇，今不傳，然則僧虔時其詩已佚，詩集所錄，乃據《樂府解題》。但其辭意淺薄，似采「古詩十九首」添補而成，非古辭。

此亦可備一疑，然未見其必然也。

《文選》又有蘇李〈河梁贈別詩〉，因謂五言始蘇李。然此諸篇，非蘇李作，昔人辨者亦多，其辭與蘇李當時情節甚不符，讀者可以自見，不煩一一詳論。《漢書》載李陵作歌曰：

行萬里兮渡沙漠，為君將兮奮匈奴。路窮絕兮矢刃摧，士眾滅兮名已隤。老母已死，雖欲報恩將安歸。

以此與〈河梁〉詩相較，遠為近真。又有班倢伃〈怨歌行〉，亦五言，《文選》李善注引《歌錄》

但稱古詞，故劉勰《文心雕龍》謂李陵班倢妤見疑於累代也。然則謂五言詩當起東漢，事蓋無疑。劉勰《文心雕龍》又曰：

> 建安之初，五言騰踴。文帝陳思，縱轡以騁節。王徐應劉，望路而爭馳。

又曰：

> 造懷指事，不求纖密之巧。驅辭逐貌，惟取昭析之能。是其所同。

故知建安文學，論其精神，實當自當時新興之五言詩來，而並不上承漢賦。緣情與體物為代興，亦即此可證矣。鍾嶸《詩品》謂：「古詩十九首」中〈去者日以疏〉、〈客從遠方來〉二首，舊疑建安中陳思王所製，竊謂此實較《玉臺新詠》以〈行行重行行〉等八詩歸之枚乘，遠為近情也。

五

抑余謂建安詩體驟興，其事與古樂府有關，尚可舉《文選》所收魏武帝樂府詩兩首為證。一〈短歌行〉四言，其辭曰：

對酒當歌，人生幾何。譬如朝露，去日苦多。
慨當以慷，憂思難忘。何以解憂，唯有杜康。
青青子衿，悠悠我心。但為君故，沈吟至今。
呦呦鹿鳴，食野之苹。我有嘉賓，鼓瑟吹笙。
明明如月，何時可掇。憂從中來，不可斷絕。
越陌度阡，枉用相存。契闊談讌，心念舊恩。
月明星稀，烏鵲南飛，繞樹三匝，何枝可依。
山不厭高，海不厭深，周公吐哺，天下歸心。

李善注引《魏志》曰：

武帝從軍三十餘年，手不捨卷，晝則講軍策，夜則思經傳。登高必賦，乃造新詩。被之管弦，皆成樂章。

今按：魏武此詩，乃倣〈小雅・鹿鳴〉而作也。詩中亦明引〈鹿鳴〉舊句。蓋此詩分主客相對敘述。前兩章共八句，乃設為諸賢居亂世，多抱憂思，故勸其不如飲酒。次三四章共八句，乃武帝自述思賢若渴，故曰但為君故，沈吟至今，今諸賢既集，故鼓瑟吹笙以喜樂之也。下五章四句，又重言居亂世之多憂。六章四句，故貴談讌相存，以恩義相結也。七章述諸賢良禽擇木之意。八章述作者優賢禮士之心。讀者試設身處地，若親入魏武幕府，飲讌之次，聽此樂歌，能無知己感激之意，懷恩圖報之心乎？

又〈苦寒行〉五言，其辭曰：

> 北上太行山，艱哉何巍巍。羊腸阪詰屈，車輪為之摧。樹木何蕭索，北風聲正悲。熊羆對我蹲，虎豹夾路啼。谿谷少人民，雪落何霏霏。延頸長歎息，遠行多所懷。我心何怫鬱，思欲一東歸。水深橋梁絕，中道正徘徊。迷惑失故路，薄暮無宿栖。行行日已遠，人馬同時饑。擔囊行取薪，斧冰持作糜。悲彼〈東山〉詩，悠悠使我哀。

此詩乃倣〈豳風・東山〉，詩中亦明引之。讀者試設身如自在行伍中，親歷此諸苦，軍中主帥，作此歌辭，相與同唱，豈不使三軍一時有挾纊之感乎？

魏武此兩詩，亦我所謂眼前事，口頭話，而心中一片真情，所謂直接歌詠人生，與人以同感，而其詩又自樂府來，可被弦管。如此，始可謂其確有深得於古詩風雅之遺意矣。上較司馬相如班孟堅，僅騁辭墨，浮誇不實，豈堪相提並論哉。

《文選》樂府收魏武兩詩外，尚有魏文帝兩首，陳思王四首，氣度風骨，已見遠遜，然亦師倣父意而作也。魏文四言〈苦哉行〉，五臣張銑曰：山林之人，節行危苦，欲其入仕以取逸樂，此猶魏武之〈短歌行〉也。其七言〈燕歌行〉，五臣呂延濟曰：此婦人思夫之意。竊疑此首作意，亦猶魏武之〈苦寒行〉，蓋借閨婦之怨思，以慰羈宦之久曠，一反〈東山〉詩之筆法語意而善用之者也。陳思王四首，〈箜篌引〉言樂飲，〈名都篇〉言射獵，〈美女篇〉喻賢士難屈，猶魏武之歌繞樹三匝也。〈白馬篇〉言壯士捐軀赴國難，則仍師魏武〈苦寒行〉之意而微變焉者也。

然則曹氏父子所為樂府，在其當時，亦皆有對象用意。一為賓客僚從飲宴而作，一為軍旅行役勞苦而歌。循此思之，二曹書札，所以敘朋舊，憶歡娛，道契闊，念死亡，亦有魏武〈短歌行〉之用心，固非盡無端而發者。魏文令諸臣同作阮瑀〈寡婦賦〉，亦即〈燕歌行〉之意也。此皆所以通上下之情志，結群士之懽心。而建安諸臣公讌贈答諸什，亦由此而起。文學之於時代，時代之於心情，心情之於生活，沆瀣一氣，皆於詠歎淫佚中洩發之。而此種流風餘韻，遂以影響後代，久而彌盛，開文苑之新葩。推原其始，亦可謂由魏武一人啟之也。杜甫詩：將軍魏武之子孫。以唐之詩聖，而盛讚魏武之為人，亦見其別有會心矣。

綜觀建安一代之文風，實兼西漢賦家之誇大奢靡，與夫東漢晚期「古詩十九首」中所表達之頹廢激盪，縱橫家言與老莊思想相間雜出，宮廷文學與社會文學融鑄合一，而要為有一種新鮮活躍之生命力貫澈流露於其間，此則為以下承襲者所不能逮也。

六

建安以降，文學遂分兩大宗。一曰體物之賦，一曰緣情之詩。而緣情之風終勝於體物，蓋前者特遺蛻之未盡，後者乃新芽之方茁。而其同為趨向於一種純文學之境界而發展則一也。其有別者，體物重於外照，緣情重於內映。外照者，謂其以外面事物為對象，而加以描述，作者本身則超然文外。此種文學，亦可發展為神話，為寓言，為小說、戲劇，而在中國，此一枝成熟殊晚。其時所得謂之外照文學者，則惟賦之一體，沈約所謂相如工為形似之言者是也。惟其重在外照，故其描述必求特殊而具體。內映者，主以一己之內心情感為中心，使作品與作者相交融。此體惟詩最適，而其抒寫必抽象而空靈。蓋事物在外，可由客觀。而文學上之描寫，則必以表出每一事物之獨特之別相為能事。否則即不見所描寫之真實也。心靈在內，限於主觀。而文學描寫，則以揭發人心普遍之共相為能事。否則亦無以獲讀者之共鳴也。故體物不嫌纖密，用字貴多藻飾，藻飾所以窮極其形相。謀篇貴能展張，展張所以具備其體段。此正賦體所長。而抒情之作，則貴直湊單微，把捉此最敏感，最深刻之心靈活動之一剎那，而與人以共曉共喻。此既無事於麗采，亦復甚忌作曼衍。故詩體尚單純，尚涵蓄，頰上三毫，傳神阿堵，少許可以勝多許，所謂不著一字，盡得風流。而建安以下之風氣，於此兩途似未能明晰劃分，雖尚緣情之作，仍重藻飾之工。既喜建安之清新，仍守兩漢之窟穴。歷史進展，每有半明半昧之勢。而要之，建安以下，我所謂純文學獨立價值之覺醒之一端，則可謂已臻於一種昭朗之境界矣。今試據梁昭明太子《文選》之序目，不憚委悉詳說之，以重申我上文之所論。

〈文選序〉：

> 式觀元始，眇覿玄風。冬穴夏巢之時，茹毛飲血之世，世質民淳，斯文未作。逮乎伏羲氏之王天下也，始畫八卦，造書契，以代結繩之政，由是文籍生焉。

今按：古人言文質，並不指文籍與文學言。古人言文學，亦非後世所謂之文學也。昭明此序，始以後世文學家眼光敘述歷史，此古人所未有也。

> 《易》曰：觀乎天文以察時變，觀乎人文以化成天下，文之時義大矣哉。若夫椎輪為大輅之始，大輅寧有椎輪之質。增冰為積水所成，積水曾微增冰之凜。何哉？若踵其事而增華，變其本而加厲，物既有之，文亦宜然。隨時變改，難可詳悉。

今按：建安以降，不斷能對文學抱新觀念，有新創造，故昭明此序，乃能以變動的歷史眼光敘述文學，此亦前人所未有也。

> 嘗試論之，曰：〈詩序〉云，《詩》有六義焉，一曰風，二曰賦，三曰比，四曰興，五曰雅，六曰頌。至於今之作者，異乎古昔。古詩之體，今則全取賦名。荀宋表之於前，賈馬繼之於末。自茲以降，源流實繁。述邑居則有憑虛亡是之作，戒畋遊則有長楊羽獵之制。若其紀一事，詠一物，風雲草木之興，魚蟲禽獸之流，推而廣之，不可勝載矣。

此述賦體來源及其演變。

> 又楚人屈原，含忠履潔，君匪從流，臣進逆耳，深思遠慮，遂放湘南。耿介之意既傷，壹鬱之懷靡愬。臨淵有懷沙之志，吟澤有憔悴之容。騷人之文，自茲而作。

此述屈子〈離騷〉，下開詩境，以其同屬言志抒情，故連類而及，以示別於上述紀事詠物之賦也。宋玉與荀卿並舉，列之在前，顧獨以騷體歸之屈子，不與荀宋為伍，此一分辨，直探文心，有闡微導正之功矣。其前皇甫謐〈三都賦序〉，已發其旨。曰：

> 賢人失志，詞賦作焉。孫卿屈原之屬，存其所感，咸有古詩之意。皆因文以寄其心，託理以全其制，賦之首也。及宋玉之徒，淫文放發，言過於實，誇競之興，體失之漸，風雅之則，於是乎乖。

昭明之〈序〉，即承士安此旨也。《隋書・藝文志》論文賦之體，乃深美乎屈宋鄒嚴枚馬。又謂永嘉以後，玄風既扇，辭多平淡，文寡風力。降及江東，不勝其弊。此乃唐初人意見，衡評標準，遠為膚淺，漫失屈宋騷賦之辨，不足以語乎前人之深旨矣。

> 詩者，蓋志之所之也。情動於中而形於言，〈關雎〉、〈麟趾〉，正始之道著。〈桑間〉、〈濮上〉，亡國之音表。故風雅之道，粲然可觀。自炎漢中葉，厥塗漸異，退傅有〈在周〉之作，降將著〈河梁〉之篇，四言五言，區以別矣。又少則三字，多則九字，各體互興，分鑣並驅。

此述漢以後之詩篇。雖固上承風雅，亦復近師屈〈騷〉，而與賦分途，可謂卓切之論。惟謂五言源於〈河梁〉，則不可信。要其單拈情志以言詩，是實透宗之見也。

> 頌者，所以游揚德業，褒讚成功。吉甫有穆若之談，季子有至矣之歎。舒布為詩，既言如

彼。總成為頌，又亦若此。

此下總述賦與詩以外之各體文而首及於頌，以上述文學淵源，專舉《詩三百》，頌體顯自《詩》來，故先及也。

次則箴興於補闕，戒出於弼匡。論則析理精微，銘則序事清潤。美終則誄發，圖像則讚興。又詔誥教令之流，表奏牋記之列，書誓符檄之品，弔祭悲哀之作，答客指事之制，三言八字之文，篇辭引序，碑碣誌狀，眾制鋒起，源流間出。譬陶匏異器，並為入耳之娛。黼黻不同，俱為悅目之翫。作者之致，蓋云備矣。

自頌以下所述各體，皆屬上文所謂於社會實際世務有某種特定之使用者。故昭明此序，連類而及，而復以陶匏黼黻為譬也。若論文章正宗，則惟賦與詩，故昭明之書首列之。故以謂之乃一種文學獨立價值之觀念之覺醒也。

余監撫餘閒，居多暇日，歷觀文囿，泛覽辭林，未嘗不心遊目想，移晷忘倦。自姬漢以來，眇焉悠邈。時更七代，數逾千祀。詞人才子，則名溢於縹囊。飛文染翰，則卷盈乎緗帙。自非略其蕪穢，集其清英，蓋欲兼功，太半難矣。

此自述《文選》緣起。

若夫姬公之籍，孔父之書，與日月俱懸，鬼神爭奧，孝敬之准式，人倫之師友，豈可重以芟夷，加之剪截。老莊之作，管孟之流，蓋以立意為宗，不以能文為本。今之所撰，又亦略諸。

此以箸作與篇章分席，因此經子皆不入選。亦可謂不以經子列於純文學之類也。魏文尚混家言於集部，以此較之，其對純文學之觀點，可謂尤更清澈矣。

若賢人之美辭，忠臣之抗直，謀夫之話，辯士之端，冰釋泉涌，金相玉振，所謂坐狙丘，議稷下，仲連之卻秦軍，食其之下齊國，留侯之發八難，曲逆之吐六奇，蓋乃事美一時，語流千載，概見墳籍，旁出子史。若斯之流，又亦繁博。雖傳之簡牘，而事異篇章，今之所集，亦所不取。

此謂辭令言語亦異於篇章，故亦不入純文學之選也。

至於記事之史，繫年之書，所以褒貶是非，紀別異同，方之篇翰，亦已不同。

此謂史部記事，復非純文學也。

若其讚論之綜緝辭采，序述之錯比文華，事出於沉思，義歸乎翰藻，故與夫篇什，雜而集之。

此謂史書中惟論贊一體，可以視同篇什，故獨以入選。所謂序述者，如范蔚宗《東漢書・宦者傳論》、〈逸民傳論〉之類，此仍論贊也。何以曰事出於沉思？蓋姬孔之經，所以明道。老莊百家，重在立意。記言記事，各有標的。而特以文字表而出之，則文章僅成為工具。亦可謂此等乃經史百家之文，非文人之文也。文人之文，以文為主。獨具匠心，別出杼軸，經營布置，並無外在之束縛。蓋文人之文，意重即在文。文中所包，皆供我文之運使，給我文以備用而已。故文人為文，特重於思，此所謂思，乃一種文思也。文思者，此即文之技巧，文之藝術之所由見，而亦文之高下精粗美惡之所由判也。陸士衡〈文賦〉已屢言及思字，其言曰：其始也，皆收視反聽，耽思旁訊。精騖八極，心游萬仞。又曰：罄澄心以凝思，眇眾慮而為言。又曰：言恢之而彌廣，思按之而愈深。又曰：藻思綺合，清麗芊眠。又曰：思風發於胸臆，言泉流於脣齒。又曰：攬營魂以探賾，頓精爽而自求。理翳翳而愈伏，思軋軋其若抽。此所謂思，即沉思也。言，即翰藻也。文學既有獨立之體性，斯必有其獨特之技巧，此亦昭明選文所獨具之標準也。清代如阮芸臺等，乃專以駢偶之辭為文學，是又失之矣。

遠自周室，迄于聖代，都為三十卷，名曰《文選》云爾。凡次文之體，各以彙聚。詩賦體既不一，又以類分。類分之中，各以時代相次。

以上備引《昭明文選・序》，略陳其指歸。此下復就其目錄，於其所分文章之體類先後而逐一闡說之。

七

一、賦。

京都，郊祀，耕籍，畋獵。

今按：若就歷代文學發展順序言，當先詩，次騷，乃及賦。然昭明之選，以賦為首，良以當時人心目中，賦為文學大宗也。若專就賦言，則荀宋在前，賈馬次之，而昭明此選，又於賦體中分類，而京都一類褎然居首，故開卷第一篇乃為班固〈兩都賦〉，次為張衡〈兩京賦〉。窺昭明之意，特取孟堅〈兩都賦序〉，賦者雅頌之亞之說，故以〈兩都〉、〈兩京〉為冠冕也。如是，則雖主文學有獨立之價值，而仍必以文附經，故劉勰《文心雕龍》亦以宗經為其開宗明義之首篇焉。次〈郊祀〉，次〈耕籍〉，次〈畋獵〉，始及司馬長卿之〈子虛〉、〈上林〉。今試問當長卿賦〈子虛〉賦〈上林〉時，又何嘗心中有雅頌為師法乎？後之賦家繼起，靡不慕效相如，尊奉如高曾，即孟堅之賦〈兩都〉，其果為《詩三百》雅頌之遺體，抑亦長卿〈子虛〉、〈上林〉之舊軌乎？內襲茂陵之神思，外攀豐鎬裝門面，仍是賦家浮誇之一徵而已。

紀行，遊覽。

為文首要在擇題。題材變，文體亦隨而變，而文學之意義與使命亦將變。若以京都郊祀耕籍畋獵為雅頌之亞，則紀行遊覽當為國風之遺矣。此兩類題材，主要在以作者自我入文中，並以自我作中心，而尤必以作者自我當境之心情作中心。於外面鋪陳之中，而兼內心之抒寫。若以前四類為賦體之正，則此二類乃賦體之變。循此以往，終於轉落詩境。此乃文心之由外轉內，即由其題材而可見矣。故此種題材，亦可稱之為交替題材，因文體轉變，乃因此等題材而交替也。

宮殿，江海。

此二類仍以體物為主，則亦賦之正體也。相傳蔡邕嘗欲賦魯靈光殿，十年不成，見王延壽賦，遂輟不作。張衡賦〈兩京〉，左思賦〈三都〉，亦皆十年，後人遂有研京練都之語。《西京雜記》謂相如為〈子虛〉、〈長林賦〉，意思蕭散，不復與外事相關，幾百日而後成。桓譚《新論》云：楊子雲賦〈甘泉〉，思精苦倦，小臥，夢五臟出外，以手收而納之，乃覺，病喘悸少氣。蓋為賦重在獵取辭藻，堆垛費時，豈若行旅遊覽，情景當前，轉瞬即逝，如東坡詩所謂作詩火急追亡逋，清景一失後難摹乎？或問裴子野為文何速。子野云：人皆成於手，我獨成於心。然豈有無心而能成文者，蓋其心盡傾在外，不知遊心內運，反本之於方寸，故謂之成於手也。

物色，鳥獸。

此二類雖亦體物，而實兼宣情。物色一類，所收自宋玉〈風賦〉以下，如潘岳〈秋興〉，二謝〈雪〉、〈月〉，皆此下詩人所愛用之題材也。鳥獸一類，始賈生〈鵩鳥賦〉。揚子雲有言，如孔氏之門用賦，則賈誼升堂，相如入室矣。漢賦皆乏內心，惟賈生所作，直承屈〈騷〉，而〈鵩鳥〉一賦尤為卓絕。緣情託興，可觀可怨。孔門重詩教，文如屈賈，何以見其不用乎？子雲徒震讋於相如，及其悔之，乃曰童子雕蟲篆刻，壯夫不為。不悟此可以譏相如，不得以譏賈生也。惟皇甫士安於漢賦獨推賈誼，可謂深識矣。抑賈生之賦〈鵩鳥〉，實深得於莊周。故余謂中國之有純文學，當導始於道家言，此亦其一例也。賈〈鵩〉以下，如禰衡賦〈鸚鵡〉，張華賦〈鷦鷯〉，皆寄託有詩人之致。及顏延之賦〈白馬〉，鮑昭賦〈舞鶴〉，雖亦尚然，抑辭采重矣。以下此種題材，乃盡歸詩境，少以作賦。

志，哀傷。

此兩類皆詩境也。志之一類，如孟堅〈幽通〉，平子〈思玄〉、〈歸田〉，先已論之。次為潘岳之〈閒居〉，自稱以歌事遂情。情志入賦，此亦一種交替題材也。潘岳於賦前有序，文長近四百言，實散體文之高品，在先惟二曹書札有此氣韻，入後惟唐宋古文家，能彷彿其神味。蓋擴大短序，減削長賦，即成唐宋古文矣。此等題材，顯然以入詩文為宜，潘氏以之作賦，亦是以新酒裝舊瓶也。

哀傷一類，首司馬長卿〈長門賦〉。《南齊書・陸厥傳》已云：〈長門〉、〈上林〉，殆非一家之賦。五臣呂延濟曰：陳皇后復得親幸，案諸史傳，並無此文，恐敘事之誤。顧炎武亦曰：相如以元狩五年卒，安得言孝武皇帝？今按序曰：聞蜀郡成都司馬相如，天下工為文，奉黃金百斤，為相如文君取酒，而相如為文以悟主上，此亦與狗監楊得意進相如事不類。果武帝先讀〈長門〉，而為感動，又何待讀〈子虛〉而始訪問其人乎？何焯亦疑其辭細麗，不似相如，殆後之好事者妄託也。此下收向秀〈思舊〉，陸機〈歎逝〉，潘岳〈懷舊〉，此皆建安以後作品。哀傷入賦，亦舊瓶裝新酒，我所謂交替題材之一例也。又潘岳〈寡婦賦〉有序，謂昔阮瑀既沒，魏文悼之，並命知舊作〈寡婦〉之賦。魏文之序曰：作斯賦以敘其妻子悲苦之情。潘序亦曰：余擬之以作，敘其孤寡之心焉。此皆主抒寫心情，豈雕蟲篆刻之比乎？厥後有江淹〈恨〉、〈別〉二賦，內實無情，外渲辭藻，文運至此，又告衰落矣。而〈別賦〉之結尾有曰：

雖淵雲之墨妙，嚴樂之筆精，金閨之諸彥，蘭臺之羣英，賦有淩雲之稱，辯有雕龍之聲，詎能摹暫離之狀，寫永訣之情者乎？

此數語卻道出為宮廷作賦之人，初不知敘及尋常民間之幽怨也。

論文，音樂。

《典論》有〈論文〉篇，而陸士衡繼之為〈文賦〉，此亦見文學獨立觀念之既臻成熟矣。音樂一類，作者滋多，陳思王〈與吳質書〉，謂君子而不知音樂，古之達論，謂之通而蔽。馬融好音律，能鼓琴吹笛，然融亦喜治老莊。嵇康治老莊，而亦少好音聲。蓋喜老莊，擅音樂，此二者，皆與建安文風有關。老莊開文章之意境，音樂助文章之藝趣，此亦可見一時之風會也。

情

昭明專設此類，似無義趣。所收除宋玉〈高唐〉、〈神女〉、〈登徒子〉三篇外，尚有曹子建〈洛神賦〉。殆以專託於男女之間者而謂之情也。惟子建〈洛神〉，實是緣情而作，當上承屈〈騷〉，不當與宋玉相倫類。屈子〈離騷〉曰：吾令豐隆乘雲兮，求宓妃之所在，此子建作賦之所本也。

八

二、詩。

補亡，述德，勸勵。

就於上引，建安以下，賦題皆已侵入詩境。故知詩體，實當時文學大統所係也。昭明此集，取名《文選》，而詩之卷帙，乃占全書三分一以上，可見其重視矣。其以補亡、述德、勸勵為首，正如賦之首京都郊社，特取以為冠冕。若詩人之風會精神，則固不在此。

獻詩

以此上承補亡、述德、勸勵三類，皆所謂體面也。以上四類，除謝靈運〈述祖德〉兩首外，餘皆四言，亦因題材陳舊，故未能脫《詩三百》之牢籠耳。

公讌，祖餞。

此兩類所收極多。飲食宴樂之餘，繼以歌詠，悲懽離合，皆當前人生最真實處，雖若無事可舉，而詩情正從此中出。文學用入於飲讌，此等意境，此等風氣，則皆自建安開之也。至於自劉宋以下，性情隱而聲色盛，乃又為詩運一大轉關。善讀詩者，固不以其詩題之僅在飲讌而輕之，亦如善讀賦者，不當以其賦題之在京都郊社而重之也。

詠史

賦以體物象事，詩以抒情言志。詠史一類，借古陳今，正是最好詩題，此亦創自建安。

百一

應璩為〈百一〉詩以當諷諫，蓋有古〈小雅〉詩人之意焉。然似以舊釀入新瓶，故後人不之效。

遊仙，招隱。

身涉亂世，寄情仙隱，此尤見莊老思想與建安以下新文學之關係。招隱之題，由淮南王劉安〈招隱士〉而來，亦可證詩體之承騷而起也。

遊覽

此類亦始建安，作者絕多。既以入詩，回視王粲〈登樓〉，轉形辭費矣。

詠懷，哀傷。

此猶賦體中之有志與哀傷二類也。陸機〈文賦〉有云：或文繁理富，而意不指適。極無兩致，盡不可益。立片言而居要，乃一篇之警策。悟此，知詩之為體，即賦之警策耳。故詩體盛而賦體衰，皆由文心之由外轉內成之也。

贈答

此類始於建安，後起作者特多。不學詩，無以言，故此尤為新詩之主幹。

行旅，軍戎。

軍戎一類，惟收王仲宣〈從軍〉詩五首，其實亦猶行旅也。晉人以行旅作賦，惟見潘岳〈西征〉一篇，而見於詩者實繁，亦題材變則文體必變之一例。

郊廟

惟收顏延年〈郊祀歌〉兩首，然以較之揚子雲〈甘泉賦〉，卻似得體多矣。故知以漢賦上媲雅頌，僅孟堅一家之私言耳。

樂府，挽歌，雜歌，雜詩，雜擬。

樂府與五言詩之關係，及雜詩一類中所收「古詩十九首」及蘇李〈河梁〉詩皆非西漢人作，已申論在前。魏文陳思王粲劉楨多以雜詩名題。李善曰：雜者，不拘流例，遇物即言，故云雜也。五臣李周翰曰，興致不一，故云雜詩。蓋雜詩乃詩之無題者。詩體當自樂府來，而雜詩繼之，皆無題也。其實一切詩皆無題，詩之有題，猶此詩之序耳。惟詠史一類，若為有題，然詠史特借古詠今，實非詠史，故有題仍無題也。惟如顏延之〈秋胡〉詩，以詩詠事，乃為有題，有題斯有拘束，無拘束故無窮極。惟其無窮極，故貴涵蓄而不盡。有拘束則有窮極，有窮極，則必以能達其所當窮極者為止境。此皇甫謐〈三都賦序〉所謂欲人不能加也。如孔雀東南飛，如木蘭當戶織之類，皆當起於顏延之〈秋胡〉詩之後。然循此則成為長篇敘事詩。長篇敘事又是一種交替題材，因其已侵入散文境域也，由此遂發展出唐人之傳奇。如白居易〈長恨歌〉，即有陳鴻之傳奇作配，元微之《會真記》，即有李紳之長詩作配，可徵此中消息矣。

又按顧亭林亦有言，古人之詩，有詩而後有題。今人之詩，有題而後有詩。有詩而後有題者，其詩本乎情。有題而後有詩者，其詩徇乎物。竊謂詩而有題，斯詩情失，詩道衰矣。而韓柳以下之古文，顧多無題者。何謂有題，何謂無題，學文者由此細參之，可悟文章之深趣矣。

三、騷。

《文選》首列賦詩兩體，奉為文學之大宗，此意上承陸機〈文賦〉，自下即以騷體緊承之，以詩體即承騷而來也。《玉篇》有云：今謂詩人謂騷人。試問如辭賦家言，亦得謂之詩人或騷人否。此一分別，惟當直探文心而始得之。然則縱謂韓柳唱為古文，乃為善讀《文選》者，亦無不可也。

七之為體，創自枚乘，此下有傅毅〈七激〉，張衡〈七辯〉，崔駰〈七依〉，皆不收，惟收陳思王張協兩篇。其實七即賦體，苟有所賦，何必以七自限乎？故昭明亦不多取也。

四、七。

以上關於純文學者，此下乃及其他各體。

九

五、詔。六、冊。七、令。八、教。九、文。

凡此諸體，皆政府文字，皆由上達下者。昭明僅收西漢詔兩首，此下皆收魏晉以下。魏文帝陸士衡論列文體，不及詔令，因此諸體，政治性之拘礙過重，不當以文逞長也。獨魏武作令，擺脫上下體制成格，稱心抒寫，如對朋儕，如話家常，尤其〈述志〉一令，此乃散文中絕高妙品也，而《文選》顧獨見遺。蓋昭明之意，仍重藻采，若謂無藻采即不足為文。不悟緣情述志，豈待藻采。昭文有見於詩，而無見於散篇之文，此其失也。故此所收，皆屬無內心之作，豈可居政府之高位，儼然下詔，而一無內心可覓，此復成何文字乎？昭明一選，為後世詬病，正在此等處。從知文人乃人中之一格，文人之文，亦文中之一格耳。陸機〈文賦〉有云：體有萬殊，物無一量。今專據文人意境作文選文，奉為惟一之標格，亦是所見不廣，因之文運衰而世運亦衰矣。人心世運文風三者相關合一，建安以下，文人之文獨盛，其為功罪，固未可一概論也。

十、表。十一、上書。十二、啟。十三、彈事。十四、牋。十五、奏記。

以上諸體，亦皆政府文字，而皆由下達上者。昭明所選，亦皆專主麗采，因無內容，此諸體中遂無奏議。即西漢如賈鼂董生，皆所不錄，此大病也。魏文言奏議宜雅，陸士衡亦云：奏平徹以閑雅。然雅字義何所指？若僅在辭藻中求雅，則如虎賁中郎，又若衣冠儼然，而土木為軀，其可乎？惟魏文衡文以氣為主，此始無病。漢人奏議，浩氣流轉，昭明不錄，是其識窄。然後代奏議，竟亦甚尠佳者。蓋以拘礙於事，此等題材，終為與新興之文學觀念有所距離耳。陸士衡〈文賦〉有云：或辭害而理比，或言順而義妨。離之則雙美，合之則兩傷。清代曾國藩亦言，古文無施不可，惟不宜說理。奏議貴盡事理，亦說理也。蓋自有文人之文，而文之與筆終於分鑣。魏晉以下，病在重文輕筆，宜於筆者而仍強以為文，此所謂合之兩傷也。惟唐陸贄以儷偶為奏議，辭雅氣暢，理無不盡，可謂難能矣。

十六、書。十七、檄。

書體為建安文學一大貢獻，已論在前。文運進展，貴能增新體。文體廣，斯文心暢，可以無所不達。陸機〈文賦〉又云：謝朝華於已披，啟夕秀於未振。此不僅遣辭琢句為然，蓋尤貴於能創題而製體也。《齊書・張融傳》謂：文豈有常體，但以有體為常。若僅求創新，乃成無體，則又失之更遠矣。

十八、對問。十九、設問。二十、辭。

此三體淵源《楚辭》，如東方朔〈答客難〉，揚雄〈解嘲〉，班固〈答賓戲〉，文中非無我，而仍乏內心，則依然宋玉司馬相如之流派耳。獨陶淵明〈歸去來辭〉，乃能上接屈〈騷〉，為千古上乘文字。文章之高下，試參於此，可得其中三昧矣。故文人之文之尤可貴者，仍在其人。而人之可貴，在其文心之幽微。而豈可強求於外哉！

二十一、序。

著書有序，其起甚後，此類所收，首為卜子夏〈毛詩序〉，相傳係東漢衛宏作，或其時已有五言詩如「古詩十九首」之類，正值文風將變之際，故〈詩序〉之言風詩，尤重於雅頌也。〈詩序〉又曰：

> 詩者，志之所之也。在心為志，發言為詩。情動於中而形於言，言之不足故嗟歎之，嗟歎之不足故永歌之。永歌之不足，不知手之舞之，足之蹈之也。

今按：《荀子》曰：詩，言是其志也。《虞書》：詩言志，歌永言，聲依永。《小戴記・樂記》曰：故歌之為言也，長言之也。長言之不足故嗟歎之，嗟歎之不足，故不知手之舞之足之蹈之也。〈詩序〉似合此三文為言。然古人謂詩言志，不兼情字。〈樂記〉又云：樂者，人情之所不能免。情以言樂，不以言詩。衛宏此序，情志聲詩，合一而言，引〈樂記〉以通之詩，可以轉經學為文學矣。〈詩序〉又曰：

> 變風發乎情，止乎禮義。發乎情，民之性也。止乎禮義，先王之澤也。

此言尤為深允。竊疑衛宏作〈序〉，其心中縱不知有「古詩十九首」，亦當知有樂府。故鄭玄箋《毛》，猶守經生之家法，而衛宏序《詩》，實拓文人之新宇，此亦所當舉而出之也。惟若一依聲音之說，往而不返，如劉彥和《文心雕龍》所謂無韻者筆，有韻者文，重文輕筆，斯又失之。惟魏文言氣體，其道始廣。蓋氣體可以通聲韻，聲韻不足以盡氣體。衛宏專以言詩，則無病耳。〈詩序〉下有孔安國〈尚書序〉，杜預〈左氏傳序〉，此亦以尊經為冠冕。此下乃為魏晉新作。其於石崇〈思歸引〉，陸機〈豪士賦〉，皆僅收其序，不錄其詞，此事大堪注意。蓋作者自感本文不足，故重加以序。今又僅取其序，不錄其本文，此證人心取捨，即文體將變之徵也。韓柳古文，正有承《文選》中此等序文而起者，明眼人當自識之。惟如顏王兩家〈三月三日曲水詩序〉，徒競麗藻，詩情漸失。齊梁以下，文運復衰，端為此也。

二十二、頌。二十三、贊。二十四、符命。

此諸體所收漢人之作，亦皆賦體也。建安以下，始有新構。如劉伯倫之〈酒德頌〉，夏侯湛之〈東方朔畫贊〉，皆所謂蟬蛻龍變，棄俗登仙者也。治文學史者，試專就此兩卷書細誦之，亦可見文心之變，與夫文體之不同之所在矣。

二十五、史論。二十六、史述贊。二十七、論。

此諸體所收，除賈誼〈過秦論〉，東方朔〈非有先生論〉，王褒〈四子講德論〉三篇以外，皆東漢以下作品。東漢亦僅班氏父子叔皮孟堅兩家。持論之善，則多在魏晉以下。蓋論亦貴直抒其內在所見，不貴向外舖陳也。

二十八、演連珠。

此體所收，惟陸機一家。李善引傅玄〈敘連珠〉曰：所謂連珠者，興於漢章之世，班固賈逵傅毅三子受詔作之，其文體辭麗而言約，不指說事情，必假喻以達其旨，而覽者微悟，合於古詩諷興之義。今按：連珠言義理，是論體也，故昭明附之於此。然尚辭藻，則近賦。又求以假喻諷興則近詩。文體各有當，混而用之，跡近以文為戲矣。故文家少為之。

二十九、箴。三十、銘。

此兩體不貴誇飾。而陸倕〈石闕銘〉、〈新刻漏銘〉兩篇，淫辭連綴不休，乃當時號為冠絕。齊梁以下，詩情已失，宜文運之不振矣。王應麟《玉海》謂此等題苟無主意，止於鋪敘，何緣見文字精神。此說得之。

三十一、誄。三十二、哀。

此兩體所收，皆起建安以下，傷朋痛舊，誄德彰美，而潘安仁〈哀永逝〉一篇，尤為幽淒，此皆騷人之遺，非辭賦家所知也。

三十三、碑文。三十四、墓誌。三十五、行狀。

此三體惟蔡邕碑文近雅，餘無可稱。以賦體作誌狀，宜無佳者。須俟韓柳出，乃有新製耳。

三十六、弔文。三十七、祭文。

弔祭承騷則佳，誌狀模賦則劣。文章利病，即此可見。

此稿成於民國四十七年

略論魏晉南北朝學術文化與當時門第之關係

一

魏晉南北朝政治腐壞，篡亂相乘，兵戎迭起。中國版圖，半淪胡統。前後四百年，太平統一之期，殆不足十分之一。然學術尚有傳統，人物尚有規儀，在文化大體系上，亦多創闢。專就《隋書・經籍志》所載，約略計之，古今書籍，共二千一百二十七部，三萬六千七百零八卷。若通計亡佚，達三千八百二十三部，四萬三千六百七十五卷。除少數古籍外，大部分係此時期人所作。以四百年計，平均每年當得新書十部，亦可謂按月當產生新書一部。而佛道典籍尚不在內。

據《開元釋教錄》，三國下至隋前，共計譯人一百一十八，譯經一千六百二十一部，四千一百八十六卷，此當據唐開元時尚存者言。若據《隋志》，乃有二千三百二十九部，七千四百一十四卷。即就一千六百部計，在此四百年中，亦平均每年當出四部十卷以上。以一卷萬字計，四千餘卷當得四千萬言之多，數量鉅大驚人。當時繙譯佛經，工作至艱巨，一則佛經傳入不易，再則華梵語文隔閡，既須外來高僧合作，又須口譯筆潤分工，始克臻事。則此一時期，單論佛教傳入方面之成就與貢獻，已可大書特書，永為後人仰歎。

此後佛教成為中國文化之一支，並推衍及於高麗日本。就今而言，欲追究印度大乘佛學，非仰賴中國譯經不可。此一大事因緣，主要由於此時代人之努力。僅言佛教傳入，疑若其事甚易，語嫌不切，將使人忽略了此時期人完成此一業績之努力。

常言佛法僧三寶。佛創始說法，須有傳承說法之人。而當時中國僧人之宣揚佛法，事更不易。梁釋慧皎著《高僧傳》，東漢迄梁四百五十餘年，共二百五十七人，又傍出互見者二百餘人。開其德業，分隸十科。此下姑舉三人為例。

首當提及釋道安。道安乃中國佛教史上第一高僧，由彼引起中國人注重佛法，並造成此下佛教在中國文化體系中之地位。習鑿齒〈致謝安書〉有云：

來此見釋道安，故是遠勝非常道士。師徒數百，齋講不倦。無變化技術可以惑常人之耳目；無重大威勢可以整羣小之參差，而師徒肅肅，自相尊敬，洋洋濟濟，乃是我由來所未見。其人理懷簡衷，多所博涉，內外羣書，略皆遍覩。陰陽算數之學，亦皆能通。佛經妙義，故所游刃。

觀於上引，可想見道安之人格與學養，及其在當時之受人仰敬。

又《金樓子》載習鑿齒與道安在襄陽相見，謂鑿齒詣道安，值持缽趨堂，鑿齒乃翔往眾僧之齋。眾僧皆捨缽斂衽，惟道安食不輟，不之禮。習甚恚之，厲聲曰：四海習鑿齒，故故來看爾。道安應曰：彌天釋道安，無暇得相看。習愈忿云云，道安復云云，習無以對。據此則習鑿齒所折服於道安之人格與學養者，更見不尋常。

當知佛陀乃千年前一外夷，當時流行老莊觀念，佛教經典，亦彼外夷之糟粕，苟非有至德高僧，親身實地闡揚作證，如何得人崇信。此所謂人能宏道，非道宏人。苟非至德，至道不凝。道安誠當時佛門中一至德，佛法即凝聚其身，而由之宏揚。如習鑿齒〈與謝安書〉所云，道安與中國社會傳統重視之大儒，可謂並無二致。由此推想，庶可得佛法在當時中國社會宏布流傳之一番主要契機所在。

其次當及慧遠。《世說》注引張野〈遠法師銘〉，稱其世為冠族，游學許洛。二十一，欲南渡就范宣子學，道阻不通，遇釋道安，遂以為師。抽簪落髮，研求法藏。《高僧傳》稱其精思諷持，以夜續晝，貧旅無資，縕纊常缺。知遠公本修儒業，自非道安高德，何緣使其回心折服如此。

慧遠從道安逾十餘年，後南渡東止廬山東林寺三十餘年。時謂其影不出山，跡不入俗。然四方仰景其人者紛至沓來。慧遠送客，常以寺前虎溪為界。其學兼綜玄釋，並擅儒學。周續之閑居讀《老》、《易》，入山師事。宗炳雷次宗事遠講〈喪服經〉，後次宗別著《義疏》，首稱雷氏學，宗炳寄書嘲之，曰：昔與足下共於釋和尚間面受此義，今便題卷首稱雷氏乎？慧遠於佛法創淨土宗，當時有淨土會，劉遺民為文，稱同志息心貞信之士凡一百二十三人，中有名士七人。周續之、宗炳、雷次宗皆與焉。又雷氏與周續之嘗同受遠公《詩經》之學。《世說》有殷荊州問遠公易以何為體。由遠公而推道安，知道安之博通內外群書，亦斷非虛語。而遠公之以〈喪服〉教授，其事更值注意。蓋當時大門第制度盛行，〈喪服〉之與門第，關係至深。遠公不厭講授，亦情存濟世。與其宣揚佛法，可謂貌異心同。又遠公並擅繪事，即其藝術之精，亦得世人重視。故知當時佛法所以宏宣，正賴有高僧如遠公等，大心博學，宏應世需。故使世俗聞風，歙然信服也。

最後當提及竺道生。道生依竺法汰改俗，而法汰亦隨道安，則生公乃道安之徒孫。據《高僧傳》，當時先出中譯本《泥洹經》六卷，所謂《小品泥洹》。大本三十餘卷尚未全譯，六卷本先至京都。生公剖析經理，洞入幽微，乃說：「一闡提人皆得成佛。」此語與先譯六卷《泥洹經》相反。生公孤明先發，獨忤眾見。一時僧徒群目為邪說異端，譏憤滋甚，大會逐之。然生公不為屈，於大眾前正言誓曰：若我所言違背經意，願於現身甘受癘疾之災。不然，則願捨壽之時據獅子座。遂去至虎丘，旋至廬山。不久，全部《涅槃經》譯出，乃證生公所說實乃懸契佛旨。此一故事，在中國佛教史上具有甚大影響。其前鳩摩羅什已稱遠公未讀佛經而通佛理，正與生公先後遙符。可證我上述佛門僧寶價值之所在。蓋佛法人人具有，亦人人可悟，生公此義，實與儒家傳統孟子人皆可以為堯舜之說相扶會。生公特深契悟，亦不得不謂其先於中國文化傳統儒家精義遠有根柢。而生公之頓悟義，下至唐代禪宗六祖出世，更有所發揚光大。此後禪宗遂為中國人自創佛學中一最要骨幹。又後淨土宗盛行，乃有禪淨合一之新途徑，成為中國社會最普遍之佛法。此事不得不追溯及於遠生兩公，此時代人在中國佛學史、中國文化史上之貢獻，即此一項，已屬無可比量。

二

此下當再賡述有關此一時代經史子集四部學之大概。先論經學。《十三經注疏》乃中國經學一大結集，除唐玄宗《孝經》御注下，《易》魏王弼注，《論語》魏何晏集解，《左傳》晉杜預集解，

《穀梁》晉范甯注，《爾雅》晉郭璞注，《尚書》孔安國傳，乃魏晉人偽託。《尚書》偽古文，亦出魏晉人編撰。當時又特創義疏新體，與同時僧人所為佛經義疏有關。惜皆遺失，獨梁皇侃《論語義疏》僅存。而唐初孔穎達等編《五經正義》，疏之部分，十九采自南北朝。此見當時人對經學貢獻，不為不大。

其次，《隋志》載此時代人有關經學之著述，計六百二十七部，五千三百七十一卷。通計亡佚，有九百五十部，七千二百九十卷。張鵬一《隋志補》又增出九十二部。就《隋志》分類統計如下表：

經籍名稱	部數	卷數	通計亡佚之部數	通計亡佚之卷數
《易》	六九	五五一	九四	八二九
《尚書》	三二	二四七	四一	二九六
《詩》	三九	四四二	七六	六八三
《禮》	一三六	一六二二	二一一	二一八六
《樂》	四二	一四二	四六	二六三
《春秋》	九七	九八三	一三〇	一一九〇

表中所云亡佚，乃據作志時言，今則可謂亡佚已盡。然觀上表，知此時期之經學，並未中絕。

若以著作數量作為當時對經學中某一部份重視與否之衡量標準，則此時代之經學最重《禮》，次《春秋》，《易》居第三位。劉宋時以《易》與《老》、《莊》同列為三玄，然固非當時人重視惟《易》也。唐杜佑《通典》引晉宋以下人《禮》議，多達二百餘篇。朱子云：六朝人多精《禮》，當時專門名家有此學，朝廷有禮事，用此等人議之，唐時猶有此意。又云：五經疏，《周禮》最好，《詩》、《禮記》次之，《書》、《易》為下。清儒沈垚《落颿樓集》亦謂：六朝人《禮》學極精。唐以前士大夫重門閥，雖異於古之宗法，然與古不相遠。史傳中所載，多《禮》家精粹之言。近儒章炳麟《檢論．五朝學》謂：據《南史．何承天傳》，先是《禮論》有八百卷，承天刪減，并各以類相從，凡為三百卷。又〈徐勉傳〉，受詔知撰《五禮》，大凡一百二十帙，一千一百七十六卷，八千三十九條。然則《通典》所載，二十分之一耳。此皆於六朝人精《禮》學，有所指明，而沈氏謂六朝以有門第而精《禮》，其言尤有特識。

南北朝時，經學亦分南北，所重各不同。就《禮》學言，南方重〈喪服〉，如上述高僧遠公，亦精此學，雷次宗以此負盛名，時與鄭玄並稱。〈喪服〉本屬《儀禮》中一篇，所以別出成為一時顯學者，正因當時門第制度鼎盛，家族間之親疏關係，端賴喪服資識別，故喪服乃維繫門第制度一要項。下至唐代，門第尚存，故《通典》尚多載此時代人所講關於喪服之篇章。宋後無門第，故自程朱理學下迄清代經學考據，於此皆疏，不復注意也。

南方《禮》學，除喪服外，並重朝廷一切禮樂輿服儀注。此由當時南方武力不競，民族自尊心之激發，所謂衣冠文物，亦是民族文化所寄與其象徵所在，抑又為當時北方胡人急切所學不到。高歡曾云：江南蕭衍老人專事衣冠禮樂，中原士大夫望之以為正朔所在。故當時南方學者重視此方面，在心理影響上，對於南北對峙局面，實有甚大作用。《宋書．王淮之傳》，稱王彪之練悉朝儀，家世相傳，並諳江左舊事，緘之青箱，世人謂之王氏青箱學。《梁書》載江蒨好學，尤悉朝儀故事，撰《江左遺典》三十卷未就。此為南方門第重《禮》學之又一面。

北方學者亦重《禮》。且當時南北學術多聲息相通。北人治〈喪服〉者亦多，如後魏敦煌索敞，見本傳。河東柳玄達，見〈裴叔業傳〉。范陽盧道虔，見〈盧玄傳〉。後周趙郡李公緒，見〈李渾傳〉。皆是。然北人所重，更在《周官》。因北方胡漢雜糅，欲實際改進當時政制，乃轉趨於古制度之鑽研。蘇綽為宇文泰定制，即根據《周官》。下迄隋唐，遂重開中國歷史之光昌盛運。蘇氏之功不為小。北齊熊安生，為《周官》學大師，史稱其通五經，專以三《禮》教授，弟子自遠方至者千餘人，其受業擅名於後者，劉焯劉炫尤著。孔穎達《五經正義》，多采二劉之說。北周滅北齊，熊氏知北周君必來訪，命童僕灑掃門庭以待，翌晨，北周君果至。此見《周官》學在當時北方之見重。亦可知北方經學，亦重通經致用，與南方可謂異途同歸。

近人陳君寅恪著《隋唐制度淵源論略稿》，詳舉唐代開國，其禮樂輿服儀注，大體承襲南朝。然禮樂制度，秦漢以下，早有分別。史書中如職官田賦兵制等屬制度，封禪郊祀輿服等屬禮樂。宋歐陽修《新唐書・禮樂志》，辨此甚明。隋唐制度，自是沿襲北朝。陳君混而不分，僅述南朝禮樂，忽於北方制度，此亦不可不辨。

三

其次為史學，其發展，較之經學更為重要。《隋志》史部有八百一十七部一萬三千二百六十四卷，通計亡佚，有八百七十四部一萬六千五百五十八卷。張鵬一《隋志補》，又增出六十部。論其數量，較經部多出一倍。且經部多漢前舊書，史部則多魏晉以下人新著。

《漢志》無史部，司馬遷《史記》附六藝略春秋門，見是時史學尚未獨立。東漢自班固《漢書》外，史學著作亦不多。中國史學發達，應始東漢晚期，至魏晉南北朝而大盛。不僅上駕兩漢，抑且下凌隋唐。此下惟宋代差堪相擬，明清亦瞠乎其後。舉其要者，晉陳壽之《三國志》，宋范曄之《後漢書》，與馬班並稱四史。其他列正史者，《宋書》、《南齊書》、《梁書》、《魏書》等，皆此時代人作。東漢末，荀悅撰《漢紀》，劉知幾《史通》推以為《左傳》家之首。又稱班荀二體，角力爭先。唐代試士，以荀《紀》與《史》、《漢》為一科。晉袁宏撰《後漢紀》，《史通》謂世以袁書配蔚宗，要非溢美。宋儒王銍作〈兩漢紀後序〉，亦稱荀袁二《紀》於朝廷紀綱，禮樂刑政，治亂成敗，忠邪是非之際，指陳論著，每致意焉。反復辨達，明白條暢，啟告當代，而垂訓無窮。蓋自司馬光《資治通鑑》以前，編年之史，更無堪與此兩書媲美者。故即舉現所留存之史籍言，此時代人之成就與貢獻，已至偉碩。

再論其亡佚者，裴松之注《三國志》所引書，明記書名者達一百四十餘種。宋劉義慶《世說新語》，梁劉孝標注，據高似孫《緯略》，所引漢魏吳諸史及子傳地理之書俱不論，僅晉代一朝史書，及晉諸家列傳譜錄文章已及一百六十六家。裴劉之注，固是贍博，而陳劉原著之精卓，亦因而益顯。范蔚宗作《後漢書》時，松之注所引各書當俱在，故范書可以取精用宏，乃有補陳志所不載者。而袁宏作《後漢紀》，尚在范書未布之前，其所采既博，而竟亦少有出范書之外，又可見范書采摭之功力。又如《晉書》在當時有十八家之多。其他史籍繁夥，一檢《隋志》而可知。此蓋史學在當時為群力所萃，故能醞釀出好成績也。

今再論魏晉南北朝人史學著作之內容。《隋志》乙部共分十三類：一、正史，二、古史，三、雜史，四、霸史，五、起居注，六、舊事，七、職官，八、儀注，九、刑法，十、雜傳，十一、地志，十二、譜系，十三、簿錄。可見當時史學規模之完備。正史屬紀傳體；古史為編年體；雜史則在此兩體以外，或係鈔撮舊史；霸史則為分國史，如《十六國春秋》之類；起居注乃由當時史官紀載人君言行；舊事有制度法令，有雜事記載；職官、儀注、刑法則屬禮儀制度。而雜傳一類，尤為當時人所特感興趣，故其撰述共有二百一十七部，一千二百八十六卷。主要為人物傳記。有分類作傳，如〈聖賢高士傳〉、〈逸士傳〉、〈逸民傳〉、〈至人高士傳〉、〈高隱傳〉、〈高僧傳〉、〈止足傳〉、〈孝子傳〉、〈忠臣傳〉、〈良吏傳〉、〈文士傳〉、〈童子傳〉、〈列女傳〉、〈神仙傳〉等。分地作傳，如〈兗州〉、〈徐州〉、〈交州〉、〈魯國〉、〈楚國〉、〈汝南先賢傳〉、〈益部〉、〈陳留耆舊傳〉、〈豫章烈士傳〉等。分時代作傳，如〈正始名士傳〉、〈江左名士傳〉等。分家族作傳，如〈王肅王朗家傳〉、〈太原王氏家傳〉、〈王氏江左世家傳〉等。並有一人專傳，如〈管輅傳〉、〈法顯傳〉等。又清章宗源《隋書經籍志考證》，據裴松之《三國志注》，劉孝標《世說注》，下及《藝文類聚》、《北堂書鈔》、《太平御覽》等諸類書所引，自〈荀彧別傳〉以下共得別傳一百八十四家，《隋》、《唐志》皆不著錄，無從考其卷數。然當時所為一人專傳之數量，已幾與雜傳一門全部卷帙之總數相埒，此事尤堪注意。凡此皆見此時代人重視人物，實為此一時代之特殊精神所在。惟其人物之傳記既詳，故薈萃成史，其事自易。其次則為地理記。其部數與卷帙，僅次於人物傳記，凡得一百三十九部一千四百三十二卷。蓋人物與地理有關，二者之受重視，則為當時門第郡望觀念之影響。《世說》有王濟孫楚爭辨各自地望人物之美一則，又有王坦之令伏玄度習鑿齒論青楚人物一則，皆是當時人各誇其鄉土先賢之證。又次則為譜系，此亦與前兩類相引而起。蓋矜尚門第，必誇舉其門第之人物，乃亦讚耀其門第之郡望，又必有譜牒世系，以見其家世之傳綿悠久。直迄近代，方志家譜，代有新編，成為中國史書中重要兩大部門，而人物傳記一項，則終不能與魏晉南北朝時代競秀爭勝。故知人物傳記之突出獨盛，正亦為此時代一種特殊精神所寄也。

簿錄一項，亦見當時人另一種之興趣。簿錄乃一種圖書分類目錄，《隋志》所收共三十部，除《七略別錄》及《七略》外，其他二十八部全出此時代人之著述。可見此時代人重視書籍，好尚搜索，因重目錄分類。而四部之分，永為後人承襲，亦可謂是此一時代之貢獻。

今再綜合言之，則此一時代重人物，又好尚書籍，並好著述，而人物傳記尤為當時人興趣所在，成為此時代史學驟盛之一因。劉知幾《史通》有云：

> 降及東京，作者彌眾。至如名邦大都，地富才良，高門甲族，世多髦俊。邑老鄉賢，競為別錄。家譜宗譜，各成私傳。於是筆削所採，聞見益多。此中興之史所以又廣於前漢也。

劉氏此處所講，實已在東漢之晚年，更適用於魏晉南北朝。惟風氣遞傳，當溯之自東漢耳。

今再簡括上述，魏晉南北朝人於經學極重禮，史學則重人物，此二者，與其崇尚老莊虛無風尚有乖，此事大可注意，留待下論。

繼此當提及當時經學與史學之相通。史學本自經學中分出，而當時人亦每將經史相提並論。如吳華覈上表，謂司馬遷班固命世大才，所撰精妙，與六經俱傳。北魏李彪亦云：臣竊謂史官之達者，大則與日月齊明，小則與四時並茂。其大者，孔子左丘是也。小者，史遷班固是也。《三國‧尹默傳》：默遠遊荊州，從司馬德操仲子等受古學，皆通諸經史。《晉‧虞預傳》：雅好經史，憎疾玄虛。〈庾峻傳〉有重老莊而輕經史之語。此皆當時人認經史為同類，以與老莊玄虛相對立之證。同時史家亦多兼經學著作，如張璠著《後漢紀》，亦有《周易集解》；孔衍著《漢魏春秋》，亦有《公羊集解》；干寶著《晉紀》，亦有《周易》、《周官注》、《春秋左氏傳義》等；劉昭著《後漢書注》，亦有〈鈔集議祭六宗論〉，有〈難晉劉世明論久喪不葬議〉等；謝承著《後漢書》、《漢晉春秋》，亦有《尚書》、《毛詩注》等；徐廣著《史記音義》及《晉紀》，亦有《禮論答問》、《禮答問》等；裴子野著《宋略》，亦有《喪服傳》等。劉知幾《史通》，謂大抵作者，自魏以前，多效二史，從晉已降，喜學五經。可見當時人對經史之通觀並重。而論其本源，則皆自崇尚儒學來。史學家中，如徐廣裴子野等，制行茂美，尤是粹然儒者之榘矱。《宋書》史臣曰：臧燾、徐廣、傅隆、裴松之、何承天、雷次宗，並服膺聖哲，不為雅俗推移。此皆著作雖分經史，學術同歸儒門之證。

四

上述經史之學竟，次當及子部。此時代人在此方面之成就與貢獻，似較經史集三部為弱。然《隋志》子部儒家，自荀悅《申鑒》以下，亦有二十二部一百六十九卷。通計亡佚，則有四十五部三百六十八卷。數量仍不為少。荀悅《申鑒》，清《四庫提要》稱其原本儒術，所言不詭於正。牟融《理惑論》，清儒洪頤煊稱是書雖崇信佛道，而不背於聖賢之旨。徐幹《中論》，《提要》稱其闡發義理，原本經訓，而歸之於聖賢之道。杜恕《體論》，清儒嚴可均稱其所論皆剴切通明，能持大體，粹然儒者之言。王基《新書》，史稱其人學行堅白，國之良臣，時之彥士。舉此為例，知儒術在三國魏時，尚是確有傳統，榘矱未失也。

又如晉傅玄撰《傅子》，《隋志》入雜家，王沈遺書稱美之，謂省足下所著書，言富理濟，經論政體，存重儒教，足以塞楊墨之流遁，齊孫孟於往代。《提要》稱之，謂所論皆關切治道，闡啟儒風，精意名言，往往而在。又北齊劉晝著《劉子》，亦入雜家，嚴可均稱其言治國修身之道，有大醇，無小疵。魏任嘏有《道論》，《隋志》入道家，然其人實儒士。又晉杜夷有《幽求新書》，《隋志》亦入道家，然《晉書》杜夷入〈儒林傳〉，劉勰《文心雕龍》稱之，謂《典語》、《新書》，

《法言》、《說苑》，《潛夫》、《正論》，《昌言》、《幽求》，咸敘經典，或明政術。推此意求之，知此時代人著書，《隋志》列入子部而不在儒家者，尋其內容，亦多與儒術相關。

又如《隋志》名家，有魏文帝《士品》一卷，劉邵《人物志》三卷，盧毓《九州人士論》一卷，吳姚信《士緯新書》十卷，《姚氏新書》二卷，《通古人論》一卷，此在當時稱為名理之學。王符《潛夫論》謂名理必效於實，則官無廢職，位無非人。《意林》引楊泉《物理論》亦謂，國典之墜，由位喪也。位之不建，名理廢也。劉勰《文心雕龍》亦曰：魏之初霸，傅嘏王粲校練名理。可見當時人品評人物，精究名理，其志本在治平。而劉邵《人物志》一書，尤值研讀。《提要》謂其書主於論辨人才，以外見之符，驗內藏之器，分別流品，研析疑似。所言究悉物情，精覈近理。其學雖近乎名家，其理弗乖於儒者。今以劉氏此書，推想姚盧所作，可知品題人物，為此一時代之精神所寄，風會所重，與上述史部人物傳記一門會合參之，亦見此一時代特著精采之一面。而原本儒術，亦居可知。

至論道家，則如王弼之注《老》，郭象之注《莊》，固已永傳不朽。然王郭兩家，亦欲兼滙儒道，以創一代之新說者。又如《偽古文尚書》人心唯危，道心唯微，惟精唯一，允執厥中，乃改荀子引《道經》語，而宋儒奉為講學準則十六字訣。又如《孔叢子》心之精神是為聖，南宋楊簡敬仲終身誦之，明儒尤樂稱引，其語殆亦出此時代人所造。又如劉宋戴顒有《中庸傳》兩卷，梁武帝有《中庸講疏》一卷，亦為後代尊尚《中庸》之先聲。其他名言絡繹，為宋明儒心學導先路者尚亦不少。由此言之，則此時期人在子部方面亦未嘗無貢獻。

五

今當一談集部。《漢志》辭賦略所收，只楚辭漢賦。集部大興自東漢，至魏晉南北朝而極盛。據《隋志》，共五百五十四部，六千六百二十二卷，通計亡佚，有一千一百四十六部，一萬三千三百九十卷。張鵬一《隋志補》，又增出專集七十二家。卷帙之多，堪與史部相埒。以四百年計，每年平均當出一部至三部集，亦可謂每年可出一位乃至三位專集作家。此即長治久安之世，前如漢，後如唐，亦難有此盛。

論其內容，總集中有《昭明文選》，此書在中國文學史上，有其不可磨滅之價值。書中所收，雖不全屬此時期人之作品，要以此時期作品為主。此書在唐代最受重視，有《文選》熟，秀才足，《文選》爛，秀才半之說。《舊唐書》並列《文選》學於〈儒林傳〉，幾乎視之與經籍並重。宋以下，《文選》地位似有減損，然直至今日，治文學者，《文選》仍是一部必讀書。可見此一時代，在中國文學史上之貢獻。

嚴格言之，在此以前，中國並無純文學觀念。《詩三百》，都於政治場合中使用。屈原作〈離騷〉，乃激於忠君愛國之忱之不得已，而非有意欲作為一文學家。漢賦大體供宮廷消遣娛樂，淵源於戰國策士縱橫游說之餘波，仍不失其在政治場合使用之背景。正式有純文學觀念之覺醒，則必俟建安始。故以前頗少以作者本人放進其作品中。換言之，即很少以表現作者自身之日常生活及其內心情感作為文學題材者。故作品中不易見作者之人格。如司馬相如、揚子雲、班固、張衡所為賦，巨幅長篇，均與作者私人無關。建安以後，始以文學作品為表現作者人生之用，以文學為作者私人不朽所寄。魏文帝所謂惟立德揚名，可以不朽，其次莫如著篇籍。又曰：文章經國之大業，不朽之盛事，是也。於是人求以文章期不朽，遂求融作者於作品中，務使作家與作品相會合一而成為一種新文學。唐宋韓柳古文，實亦襲此意境而惟略變其體貌。故在中國文學史上開始有純文學之抒寫，亦是此一時代一大貢獻也。

惟其如此，故此一時代之人生，乃多表現在此一時代之文學中。換言之，此一時代之文學，乃成為此一時代一種主要之史料。若欲認識此一時代之整個時代精神，亦當於此一時代之文學中覓取。在此時代，幾乎人人喜有一部集，自求表現，求不朽。下迄唐宋，直至近代，論文學觀念，似不能越出此一時代人之所想像與標榜。

除《文選》外，劉勰《文心雕龍》亦至今受人推重。勰與昭明太子同時，依沙門僧祐，博通經論，並校定定林寺經藏。後曾一度出仕。晚年燔髮為僧，改名慧地。書分上下編，上編剖析文體，下編商榷文術。上編首三篇〈原道〉、〈徵聖〉、〈宗經〉，足徵彥和論文一本儒術。下編首三篇〈神思〉、〈體性〉、〈風骨〉，足徵彥和論文，貴能以作者與作品融為一體，繼承建安以來之新趨嚮，而更加以發揮。劉氏所提出之道與聖，正猶佛家三寶中之佛與法。聖人雖亡，其道猶存。聖道存在經籍，文章所以明道，彥和謂道沿聖以垂文，聖因文而明道是也。故有志於斯文之作者，首貴徵聖與宗經，此則理想中之文人，正亦應如佛家三寶中之僧侶。此一理想，較之建安以來專注重文學觀點，僅求於作品中表現作家自身之觀念遠為超越。自唐代韓昌黎以下，凡論文所舉最高境界，亦無能逾此。下編論文章作法，首〈神思〉。彥和云：形在江海之上，心存魏闕之下，神思之謂也。神思即指作者之內心。文章之神思，即作者之神思，內外並非二物。次論〈體性〉。文章之性格，亦即是作家之性格。性附於體而見。彥和之意，謂文章體性之背後，即是作者個人之體性，由於作者之體性而表出其作品之體性也。再次為〈風骨〉。骨猶言體，風猶言性。彥和曰：怊悵述情，必始乎風，沈吟鋪辭，莫先於骨。故辭之立骨，如體之樹骸；情之含風，猶形之包氣。文辭屬於外形，外形則必成體。文情乃其內心，內心則必有風。風者，乃以此心感染他心之謂。可知彥和言文章之體性風骨，其背後即是作家之體性風骨為之主，猶其言神思也。可見文章背後則必有作者其人，正如道與經之背後，則必有一聖。如此，不僅是人與文合一，作家與作品合一，乃進而為文與道合一，庶其作品能與天人大道相合一。此一理論，雖出彥和一家之言，然亦由於此一時代之共同風氣，共同精神，遞進益深，而始達此境界。故根據彥和一人之意見，仍可借以闡述此一時代人之意見也。

彥和《文心雕龍》有〈序志〉篇，謂齒在踰立，嘗夜夢執丹漆之禮器，隨仲尼而南行。又謂敷讚聖旨，莫若注經，而馬鄭諸儒宏之已精。就有深解，未足立家。惟文章之用，實經典枝條，於是乃始論文。足見劉氏之文學思想，應俱三源頭。一是建安以來以文學作品表達作者個人之新潮流；一是魏晉南北朝人重視經學、尊尚儒術之舊傳統；又一則在彥和自身又加進了當時佛門子弟一種宗教的新信仰；匯通合一以成其一家之言。此劉氏之一家言，乃在此時代中孕育而出。此一時代之學術風氣，人生理想，以及此時代人之共同精神，劉氏之書，至少亦可代表其一部份或一方面。

除劉書外，又有鍾嶸《詩品》，亦為一部文學批評之佳作。此時代人因喜品評人物，遂連帶及於品評詩文。故讀此一時代之文學，即可窺測此一時代之人物，而讀此一時代之文學批評，亦可窺測此一時代之人物標準與人生理想，而所謂時代精神，亦可於此乎見。故劉鍾兩書，就史學言，亦殊值重視也。

鍾嶸〈詩品序〉有云：永嘉時，貴黃老，尚虛談，於是篇什理過其辭，淡乎寡味。爰及江左，微波尚傳。孫綽、許詢、桓、庾諸公，皆平典似道德論，建安之風盡矣。此一說可注意。《昭明文選》已將文學從經史百家中抽離獨出，鍾嶸又將詩與清談分疆劃界。清談尚理。理過其辭，則淡乎寡味，惟情見乎辭，乃非虛辭。此皆證當時人對文學確有一種獨立觀點，同時亦可說老莊清談在當時學術界亦僅占一部分。一面既別有所謂經史之學，另一面則文學亦自有園地。抑且論此一時代之學術與風氣，若僅注意正始與永嘉，而忽略了建安，則終為未是。

又按此一時代人由品評人物而連帶注重品評詩文，遂亦連帶而注重品評字畫。《隋志》齊謝赫有《古畫品錄》一卷，梁庾肩吾有《畫品》一卷，陳姚最有《續畫品》一卷，其書今皆存。而謝赫之論六法，更為後代畫人永宗弗替。蓋當時之崇尚文學藝術，皆由其崇尚人生來。此一時代之人生，亦可謂是一種文學藝術的人生。雖不免多有纇病，然其理想風尚實如此，亦不當一概抹殺也。

六

以上略述魏晉南北朝人對四部學方面之成就與貢獻。其間尤值重視者，則應推史與詩二者。蓋此二者，尤為當時之新創也。當時史學重心在傳述人物，詩則重在人物自身之表現。綜合言之，可知此一時代之注重人生。惟其所重，乃在個人，而非群體。故論當時之政治，分崩禍亂，絕無足道。然不得謂當時便無人物，亦不得謂當時人物更無理想，無學術成就。政治雖頹敗不振，在民間則仍保有文化與學術之傳統，並能自有創闢。在此四百年之大亂世，而著作之多，超前軼後。唐代雖富強，又見稱文盛，然據歐陽修《唐書‧藝文志序》，唐代學者所自為之著作，僅得二萬八千四百六十九卷，擬之此一時期，尚有遜色。今當進而探究其所以然之故，則不得不謂實與當時之門第有甚深之關係。此一時代之學術思想，何以既尚黃老，又重經史，又兼重文學，更復崇信釋氏，此種在學術上之複雜情態，亦須就當時門第背景提供一綜合之說明。此下當就此點，略加闡釋。

此時期門第之盛，盡人皆知。唐李延壽作《南》、《北史》，評者謂其乃以家為限斷，不以朝代為限斷，體近家乘，而非國史。又謂宋齊梁陳四代卿相，多王謝兩家，李書以此兩家貫四代，四代似變為一代。又謂：《北史》列傳與《南史》重複，雖曰二書，實通為一家之著述。凡此所評，實亦深切說明了當時之歷史特性。朝代雖易，門第則遞嬗相承。政府雖分南北，門第則仍南北相通。故在此時代中，政治上雖禍亂迭起，而大門第則依然安靜。彼輩雖不關心政事，而政府亦無奈之何。此乃當時歷史大病痛所在。然中國文化命脈之所以猶得延續不中斷，而下開隋唐之盛者，亦頗有賴於當時門第之力。

此下當先敘此時期門第之何由產生？再及當時門第之如何維持？

自東漢有察舉，而門第始興起。遠溯西漢，士人參政之制已確立，而儒家素重敬宗恤族，於是各自在其鄉里形成盛大之士族。由於經學傳家而得仕宦傳家，積厚流光，遂成為各地之大門第。下至三國，大門第已普遍出現。試考當時有名人物，其先已多是家世二千石與世代公卿。陳群為曹魏定九品中正制，亦變通東漢之察舉制訂之，而陳群亦是世家名門之後。可見門第起源，與儒家傳統有深密不可分之關聯。非屬因有九品中正制而纔有此下之門第。門第即來自士族，血緣本於儒家，苟儒家精神一旦消失，則門第亦將不復存在。上所闡述，正可說明魏晉南北朝時代所以儒業不替，經學猶盛之一面。

七

東漢察舉，主要項目為孝廉，此亦顯本於儒義。但自朝綱濁亂，黨錮禍起，儒士備受摧殘，影響及於門第前途之展望者，甚深甚大。姑舉范滂事說之。滂亦孝廉出身，黨獄起，汝南督郵吳導受詔捕滂，閉傳舍，伏床而泣，一縣不知所為。滂聞之，曰：必為我也。即自詣獄。縣令郭揖大驚，欲與俱亡。滂不可。其母就與訣，滂曰：滂歸黃泉，惟母割不可忍之恩。其母曰：汝今得與李杜齊名，死何恨。既有令名，復求壽考，可兼得乎？滂跪拜辭。顧謂其子曰：吾欲使汝為惡，惡不可為。使汝為善，則我不為惡。行路莫不流涕。於此可見其時士人內心之苦悶與徬徨。此下政治黑暗有加無已，試問在如此政局下，人生究否尚有價值？抑因天下之亂，而從來儒家所定全部人生價值，將被取消？此一問題，應必在當時士人心中鬱結盤旋，而渴求得一解答者。

試續舉一例：鄭玄遭黨禍，被錮十四年。靈帝時，黨禁解，玄復膺徵，堅拒不出。袁紹子譚強加羅致，玄不敢拒，勉赴召。《文苑英華》引玄〈自敘〉云：遭黨錮之事，逃難注《禮》。黨錮事解，注《古文尚書》、《毛詩》、《論語》。為袁譚所逼，未至元城，乃注《周易》。玄之與滂，所遇不同，因逃世難而完成其傳經之大業。其注《周易》，乃在踰七十高齡臨死前數月之事。然處亂世得幸生者，亦豈能人人埋首腐心於著書？試問苟其不然，人生又將於何寄託？所謂人生之意義與價值，又將何在？

今試再舉一例，聊為此問題之又一解答作推測。《世說》首卷〈德行〉篇載：

陳太丘詣荀朗陵，貧賤無僕役，乃使元方駕車，季方持杖後從。長文尚小，載著車中。既至，荀使叔慈應門，慈明行酒，餘六龍下食。文若亦小，坐著膝前。於是太史奏真人東行。

此事亦見劉孝標《世說》注引檀道鸞《續陽秋》云：陳仲弓從諸子侄造荀父子，於時德星聚，太史奏五百里賢人聚。可知此故事甚為當時及後世所樂道。所云德星聚，太史奏真人東行，與五百里賢人聚云云，其非信史可不論。然正可由此推想此一故事受當時及後世之重視，故為之渲染誇大，造此飾說。此事下距劉義慶作《世說》，已越兩百年，而《世說》又重加以紀載。今試問此一故事，究含何等意義，值得當時如此張大傳述？就實論之，陳寔在當時，僅官太丘長，在政治上無所表現，荀淑亦非顯達人物，而兩人一時相會，兩家子弟隨侍，喫一頓家常飯，而如此驚動流傳，大書特書，傳誦不輟，此中必有一內在意義可尋。今問當時人所重視於此者究何在？後代人所懷念於此者又何在？當知此中正有魏晉南北朝人內心深處一向蘊蓄之一番精神嚮往與人生理想，所以異於范滂鄭玄，而為當時亂世人生求出路者。請試稍為之闡發。

《世說》同卷另一條云：

> 客有問陳季方，足下家君太丘，有何功德，而荷天下重名？季方曰：吾家君譬如桂樹生泰山之阿，上有萬仞之高，下有不測之深，上為甘露所霑，下為淵泉所潤。當斯之時，桂樹焉知泰山之高，淵泉之深。不知有功德與無也。

陳寔在當時無實際功德可言，而獲享大名。其得名所由，與范滂鄭玄又不同。其子季方謂其父太丘君，正如桂樹生於泰山之阿，桂樹則有一種內在堅久之生命力，並有清芳遠播，此即天生桂樹之德，而又植根泰山之阿，高出氛穢，超然世外。上霑甘露，下潤淵泉，得天地自然之護養。人生如此，縱無實際功德，而自有其本身內在之價值。季方此番答辭，正是當時人生理想由儒家轉人道家一重要消息所在。此下門第中人所共同抱持之觀念正在此。世亂相乘，河清難俟，但不能謂一切人生價值因此全不存在。彼輩之對人生，實另有一番新看法，與一番新評價。今人論此一時代之門第，大都只看在其政治上之特種優勢，與經濟上之特種憑藉，而未能注意及於當時門第中人之生活實況，及其內心想像。因此所見淺薄，無以抉發此一時代之共同精神所在。今所謂門第中人者，亦只是上有父兄，下有子弟，為此門第之所賴以維繫而久在者，則必在上有賢父兄，在下有賢子弟。若此二者俱無，政治上之權勢，經濟上之豐盈，豈可支持此門第幾百年而不弊不敗？陳荀相會此一事，所以引起後人嚮往重視而傳述不輟者，正為此兩家各有賢父兄賢子弟，而使此兩家門第能繼續存在不弊不敗之故。

繼此請再進一步討論當時所共認為其人之賢德者，主要內容又何若？今試再舉《世說》同卷另一條說之。《世說》云：

李元禮嘗歎荀淑、鍾皓，曰：荀君清識難尚，鍾君至德可師。

李陳同為當時負眾望之大賢。李之贊鍾皓，謂其至德可師。至德無名可指，換言之，即是其人無實際功德可言也。然即此正是其人內在價值所寄。東漢末期人爭崇顏淵，正因顏淵簞食瓢飲，在陋巷，更無塵世外在之表現，即此便是至德，正猶如桂樹之生泰山之阿也。李之贊荀淑，謂其清識難尚。苟能除卻人世間外在種種功德建樹，而認識得人生仍有其內在獨立之價值，此即所謂清識也。李膺此之所舉，實可謂是此下魏晉南北朝人所共同抱有之一種人生標準與人生價值之理想所在。

由於東漢之有察舉，而引起當時社會好對人物作品題。大體此項品題，自李膺陳寔以下，即多陷於玄虛不實。即不重其人實際外在之事功德業，而專重其人所表顯在其自身之某種標度與風格，以作為其品題之準則。此種標度與風格，自可超越治亂，擺脫人事，而仍得有所完成。今試再舉《世說》中卷〈賞譽〉篇所載為例，如：

世目李元禮，謖謖如勁松下風。

劉孝標注引〈李氏家傳〉，謂膺嶽峙淵清，峻貌貴重。華夏稱曰：潁川李府君，頵頵如玉山。汝南陳仲舉，軒軒如千里馬。南陽朱公叔，飂飂如行松柏之下。

公叔度評郗原，所謂雲中白鶴，非燕雀之網所能羅。裴令公目夏侯太初，肅肅如入廊廟中，不脩敬而人自敬。一曰：如入宗廟，琅琅但見禮樂器。見鍾士季，如觀武庫，但覩矛戟。見傅蘭碩，汪廧，靡所不有。見山巨源，如登山臨下，幽然深遠。

王戎目山巨源，如璞玉渾金，人皆欽其寶，莫知名其器。

於王儉與褚淵。

從此再看上引《世說・賞譽》篇諸條，當更可想像出魏晉以下人對於人生理想所追求之境界，以及當時之風尚，所謂時代精神之所在。而此等則盡與當時門第有關。若忽略了當時之門第實況，而專從老莊道家言求之，或專於放誕簡傲處求之，則終無可得當時人所謂至德與風流之真相。

上舉所以證見東漢末期下迄魏晉，當時人所抱之人生理想乃及人物標準，雖與漢儒有大轉變，雖已羼進了不少老莊消極氣氛，而仍不失為有一種甚深厚之儒家傳統。最多只能說其是儒道合流，而非純走上老莊行徑，則顯然可見。而上舉〈賞譽〉篇諸品目，完全將人物德性、標格，以自然界川嶽動植相譬，亦可見當時人之情調興趣，轉嚮於文學與藝術之一種趨勢。

八

蓋當時人所采於道家言者，旨在求處世。而循守儒術，則重在全家保門第。政府治亂，朝代更迭，已群感其非力所及，亦遂置之不問。而所資以退守自保者，則為各自之門第。欲保門第，不得不期有好子弟。上述陳荀聚會，所以深受後人仰欽想慕，正為此兩家各有好子弟可以持守家門，永傳弗替之故。《世說》又云：

謝太傅問諸子侄，子弟亦何預人事，而正欲使其佳？諸人莫有言者。車騎答曰：譬如芝蘭玉樹，欲使其生於庭階耳。

謝安此問，正見欲有佳子弟，乃當時門第中人之一般心情。所謂子弟亦何預人事，則因時尚老莊而故作此放達語。若真效老莊，真能放達，更何希有佳子弟？然試問苟無佳子弟，此門第又如何得傳襲永昌？即在眼前當時，苟無佳子弟，此門第又如何裝點出一種氣派而表示其特出與可貴？正如崇階廣庭，苟無芝蘭玉樹裝點，眼前便感空闊寂寥，又何況儘長些穢草惡木？車騎之答，所以為雅有深致。而欲求家庭有好子弟，則儒家所傳禮法教訓，便放棄不得。因此魏晉南北朝人，心胸力求豁達，行徑力求超脫，然在此相尚以門第家世之環境與心理之下，至少希望有好子弟一節，終是情所難免。又如上引《世說・賞譽》諸條，當知此等人物標致，最先受其影響者，亦自在其家門內之子弟。若使其人之流風餘韻，在家門之內，不能有所感被，則更何望於濁亂之外界？故知當時人此一種風流自賞之精神，其意興所屬，最先即在家門之內，子弟即其最直接之對象。此種心情，若難具體求證，然宜可想像而得。因此大體言之，在當時，實可謂政亂於上，而家治於下。苟非家治，則何來有門第傳襲，儘在禍亂中而傳襲下三四百年，並有直傳至隋唐者。當時之門第生命，綿延七八百年以上而繼續不衰不敗，此一史實，不宜忽略。亦不當專以外在條件作解釋也。

上所揭舉，實可指出魏晉南北朝人之人生理想與人生情趣以及其精神嚮往之一面，為考論當時歷史文化者所當著眼，而尤貴能深切體會，不能專尚事證。茲當再引《世說・德行》篇所載別一條加以疏說。《世說》云：

> 華歆遇子弟甚整，雖閒室之內，嚴若朝典。陳元方兄弟恣柔愛之道。而二門之裏，兩不失雍熙之軌焉。

此條述華陳兩家門風家規不同。一主嚴肅，一尚柔愛，而各有雍熙之致。當知治家之道，從來不外此兩軌。陳家固是一門賢德，至如華歆，其從政操守，殊卑污無足取。然據《世說》劉孝標注引，謂華歆嘗與北海邴原管甯俱遊學相善，時號三人為一龍，謂歆為龍頭，寧為龍腹，原為龍尾。以言出處進退之大節，歆豈得與邴管同流，乃時人竟譽之為龍頭，似乎重視更在邴根矩管幼安之上，此處所透露出之時代消息，大值深細領略。《世說》又一條云：

> 王朗每以識度推華歆。歆蜡月，嘗集子姪燕飲，王亦學之。有人向張華說此事。張曰：王之學華，皆是形骸之外，去之所以更遠。

此條可為上釋風流二字作證。王朗慕效歆之治家，歆在當時即是一風流人物。又如何曾，食前方丈，無下箸處，其生活奢靡，見譏當代，然治家嚴整，亦為史籍所稱。此等人，全是一丘之貉，在政治上絕無建樹，不僅無救於世局之濁亂，抑且世局濁亂，皆由此輩助成之。但在家庭間，亦尚知互相倣效，總還有軌轍可循，所以猶能保持門第，雍睦相傳。苟能保持門第，自即為時人所重，故歆終得有龍頭之譽也。

九

繼此再當分項敘說：先及當時人之重視教子。就現存此時代人教誨子弟子姪之篇章，論其數量之多，殆已超前絕後。其著者，如鄭玄有〈誡子書〉，此下諸葛亮亦有〈誡子書〉。《魏氏春秋》云：諸葛亮作八務七識六怒五懼，皆有條章，誡勵諸子。涼武昭王李嵩寫諸葛訓誡以勗諸子，曰：尋其終始，周孔之教盡在中矣。為國足以致安，立身足以成名。羊祜亦有〈誡子書〉，王祥有〈訓子孫遺令〉，嵇康有〈誡子書〉，夏侯湛有〈昆弟誥〉，陶潛有〈命子〉十章，有〈責子詩〉，有〈戒子書〉，有〈與子儼等疏〉，雷次宗有〈與子姪書〉，顏延之有〈庭誥文〉，王僧虔、張融、徐勉皆有〈誡子書〉，孫謙有〈誡外孫荀匠〉，魏收有《枕中篇‧戒子姪》，楊椿有〈誡子孫文〉，梁元帝

《金樓子》有〈戒子〉篇，顏之推《家訓》首〈序致〉篇，次即〈教子〉篇，又後魏張烈有〈家誡〉千餘言，甄琛有〈家誨〉二十篇，刁雍有〈教戒〉二十餘篇以訓導子孫。凡此之類，就其傳者，亦可見當時人守身治家之理想及其規矩準繩之所重矣。

重教子則重孝道。自《晉書》有〈孝友傳〉，此下各史均有。《晉書・孝友傳序》謂：

> 晉代始自中朝，逮於江左，雖百六之災遄及，而君子之道未消。孝悌名流，猶為繼踵。

又謂：

> 孝用之於國，動天地而降休徵。行之於家，感鬼神而昭景福。

孝之於國且不論，試問豈有子弟不孝不悌，而能門第鼎盛，福祿永昌之理？司馬氏號為以孝治天下，而王祥山濤等，皆以事母至孝稱。此因司馬氏得國，依賴於門第之護持也。《世說》有一則云：

> 王戎和嶠同時遭大喪，俱以孝稱。王雞骨支牀，和哭泣備禮。武帝謂劉仲雄曰：卿數省王和不？聞和哀過禮，使人憂之。仲雄曰：和嶠雖備禮，神氣不損。王戎雖不備禮，而哀毀骨立。臣以和嶠生孝，而王戎死孝。陛下不應憂嶠而應憂戎。

王戎與阮籍皆竹林中人。史書載籍母卒，籍與人圍棊不輟，又飲酒二斗，舉聲一號，吐血數升，毀瘠骨立。劉知幾《史通》辨之云：

彼阮生者，不修名教，居喪過失，而說者遂言其無禮如彼。人以其志操尤異，才識甚高，而談者遂言其至性如此。惟毀及譽，皆無取焉。

阮氏事是否失實如知幾所疑，茲不詳論。要之在當時，崇尚莊老，而同時又重至性。最見至性者惟孝，故阮籍王戎，仍各以孝稱，此乃時代風尚時代精神所在也。

又《御覽》四百四十五引王隱《晉書》，郭象評嵇紹，父死非罪，而紹貪位死闇主，義不足多。郭象注《莊》，為當時清談巨擘。彼頗不主巢父許由之隱，則以當時門第不能不以仕宦為掩護也。然如嵇紹之出仕而郭象非之，乃知孝道尤為當時所重。縱尚老莊，固不能毀此大防。今再舉《顏氏家訓》一則說之：其事云：

齊孝昭帝侍婁太后疾，容色顦顇，服膳減損。徐之才為灸兩穴，帝握拳代痛。爪入掌心，血流滿手。后既痊癒，帝尋疾崩。遺詔恨不見太后山陵之事。其天性至孝如彼，不識忌諱如此，良由無學所為。

以此合之阮籍王戎，阮王以名士慕通達，梁孝昭以帝王兼無學，而均以至性孝行自見。若非由門第自幼之薰陶，世風名教之鼓盪，試問人之至性，何以此時獨多，是必無說可以解答矣。

又有一事可附及者，《世說‧巧藝》篇有一則云：

鍾會是荀濟北從舅，二人情好不協。荀有寶劍可直百萬，常在母鍾夫人許。會善書，學荀手迹，作書與母取劍，仍竊去不還。荀勗知是鍾，而無由得也，思所以報之。後鍾兄弟以千萬起一宅，始成，甚精麗，未得移住。荀極善畫，乃潛往畫鍾門堂，作太傅形象，衣冠狀貌如平生。二鍾入門，便大感慟，宅遂空廢。

此事固見當時門第中人之精於藝事。鍾會為人無足取，然此亦見至性。縱或出偽裝，然其為時尚則無疑矣。

又《金樓子》載梁武帝遭太后憂，哭踊大至，居喪之哀，高柴不能過。每讀〈孝子傳〉，未嘗終軸，輒輟書悲慟。梁武帝又親為〈淨業賦〉，謂：

朕布衣之時，惟知禮義，不知信向。烹宰眾生以接賓客，隨物肉食，不知菜味。及至南面，富有天下，遠方珍羞，貢獻相繼，海內異食，莫不畢至。方丈滿前，百味盈俎，乃方食輟筋，對案流泣，恨不得以及溫凊，朝夕供養，何心獨甘此膳。因爾蔬食，不噉魚肉，雖自內行，不使外知。

梁武以帝王之尊，為思親而奉佛蔬食，就帝王身分言，可謂不知政要。然梁武亦門第中人，不忘其素，就門第風教言，仍為一種賢德。同時何佟之，父母亡後，常設一屋，晦朔拜伏流涕，如此者二十餘年。豈不為名賢之至德，風教之楷模乎？若今人讀魏晉南北朝史，一如當時人觀念，不問其政治事跡，專一討論其私人生活，及其家門風規，實亦未嘗無值得人傾倒佩服之處。即此可見其時代之特徵，而孝德則尤為顯著之一例。

惟其崇尚孝行，故當時於《孝經》一書亦特重視。《隋志》載有關《孝經》之著述，凡十八部六十三卷。若通計亡佚，則有五十九部一百一十四卷。張鵬一《隋志補》，又得十一部。《隋志》又云：魏氏遷洛，未達華語，孝文帝命侯伏侯可悉陵以夷言譯《孝經》之旨，教於國人，謂之《國語孝經》。又釋慧琳有《孝經注》一卷，釋慧始亦有注《孝經》一卷。此兩人之注《孝經》，正猶慧遠之講〈喪服〉，可見《孝經》為時所共重。而皇侃性至孝，嘗日限誦《孝經》二十編，以擬《觀世音經》。張融遺令，則欲左手執《孝經》，右手執《小品法華經》。此見齊梁以後之儒釋雙行，正猶魏晉時代之儒道齊重。總之門第社會不能缺儒家之禮教，而孝道之遭重視，自可想知。

其他如陶潛有〈孝德贊〉，梁元帝有《孝德傳》，合眾家《孝子傳》而成。《隋志》著錄各家《孝子傳》，除梁元帝一家以外，尚有八部六十七卷。此亦足為當時崇尚孝行之證。言孝則必及弟。此一時代人之弟道，亦有足述。今姑舉數事說之。史載：

王徽之與弟獻之俱病篤，時有術人云：人命應終而有生人樂代者，則死者可生。徽之謂曰：吾才位不如弟，請以餘年代之。術者曰：代死者以己年有餘，得以足亡者耳。今君與弟俱盡，何代也？未幾，獻之卒，徽之奔喪不哭，直上靈牀坐，取獻之琴彈之，久而不調。歎曰：嗚呼子敬，人琴俱亡！因頓絕。先有背疾，遂潰裂月餘而卒。

此事大似阮嗣宗之臨母喪，皆是於不守禮法中而至性發露，故更見其真摯。至其願以餘年代死，復見周公金縢遺風。又謝安性好音樂，自弟萬喪，十年不復聽。此可見王謝風流，而孝友敦篤，斷然異於莊生之鼓盆。

又《梁書》載：

到溉與弟洽，嘗共居一齋。洽卒後，便捨為寺，因斷腥羶，終身蔬食。別營小室，朝夕從僧徒禮頌。時以溉洽兄弟比之二陸。故世祖贈詩曰：魏世重雙丁，晉朝稱二陸。何如今兩到，復似凌寒竹。

此事合之梁武帝思母事佛，亦可說明當時人信奉釋氏之一種動機，固不僅見兩到兄弟之友好而已。又《顏氏家訓》有一則云：

江陵王玄紹弟孝英子敏兄弟三人，特相愛友。得甘旨新異，非共聚食，必不先嘗。孜孜色貌，相見如不足。及西臺陷沒，玄紹以形體魁梧，為兵所圍，二弟爭共抱持，各求代死，遂以并命。

又一則云：

沛國劉璡與兄瓛連棟隔壁。瓛呼之數聲，不應，良久方答。瓛怪問之，乃云：向來未著衣帽故也。

此等皆可見當時門第中人友弟情態之一斑。

因尚孝友，而連帶及於重女教。當時教育，主要在家門之內，兄弟姊妹宜無異視，故女子教育亦同等見重。當時人矜尚門第，慎重婚姻，如沈休文〈奏彈王源〉，所謂固宜本其門素，不相奪倫，王滿連姻，實駭物聽云云，此事極滋後人訢病。然平心論之，女子教育不同，則家風門規頗難維持。此正當時門第所重，則慎重婚配，亦理所宜。而一時才女賢母，亦復史不絕書。《世說》有〈賢媛〉篇，載王汝南自求郝普女，既婚，果有令姿淑德，遂為王氏母儀云云。當時郝門至孤陋，非王氏偶，此一婚事遂成佳話。可見當時論婚，亦非全論門第地位。《世說》又一則云：

> 王司徒婦鍾氏女，太傅曾孫，亦有俊才女德。鍾郝為娣姒，雅相親重。鍾不以貴陵郝，郝亦不以賤下鍾。東海家內則郝夫人之法，京陵家內範鍾夫人之禮。

門第禮法之與母教關係，於此更可見。

《顏氏家訓・教子》篇有云：

> 王大司馬母魏夫人，性甚嚴正。王在湓城時，為三千人將，年踰四十，少不如意，猶捶撻之，故能成其勳業。

《梁書・王僧辯傳》亦云：母魏氏，性安和，善綏接。家門內外，莫不懷之。及僧辯剋復舊京，功蓋天下，夫人恆自謙損，不以富貴驕物，朝野咸共稱之，謂為明哲婦人。合此以觀，其教子之嚴正，與其接物之謙和，不僅見王母魏夫人之賢，而治家大要，亦不出此兩途。然苟無女教，試問何以成此家風？

《隋志》子部儒家類，著錄有《女篇》一卷，《女鑒》一卷，《婦人訓誡集》十一卷，《婦姒訓》一卷，《曹大家女誡》一卷，《真順志》一卷，諸書多不載作者姓名，然可見當時之重視女教，亦見提倡女子教育則仍必遵儒家之傳統。

又《隋志》總集之部，有《婦人集》二十卷，注云：梁有《婦人集》三十卷，殷淳撰。又有《婦人集》十一卷亡。別著《婦人集鈔》二卷，又《雜文》十六卷，注為婦人作。此則全是婦女作品。蓋當時門第既重禮法，又重文藝，即婦人亦然也。

重教子，尚孝友，又有連帶而來之一風氣，則為稱頌祖德。蓋在當時人意念中，一家門第之所以可貴，正在此一家門第中人物之可貴，此實與現代人專意在權位財富上衡量當時門第之想法大相徑庭。凡如上述，又可於當時人之文學作品中隨處得證。茲再約略舉例，如曹植有〈懷親賦〉，王粲有〈思親詩〉，阮瑀有〈駕出北郭門行〉，嵇康有〈思親詩〉，陸機有〈祖德賦〉、〈述先賦〉、〈思親賦〉，陸雲有〈祖考頌〉，機雲又有兄弟酬贈詩，束皙有補〈南陔〉、〈白華〉詩，夏侯湛有〈周詩〉。〈周詩〉者，〈南陔〉、〈白華〉、〈華黍〉、〈由庚〉、〈崇丘〉、〈由儀〉六篇，亡其辭，湛續之。其詩曰：

既殷斯虔，仰說洪恩。夕定晨省，奉朝伴昏。宵中告退，雞鳴在門。孳孳恭誨，夙夜是敦。

湛詩成，示潘岳，潘曰：此非徒溫雅，乃別見孝悌之性。潘乃自作〈家風詠〉。潘岳又有〈閑居賦〉，其序曰：

> 太夫人在堂，有羸老之疾，尚何能違膝養而屑屑從斗筲之役乎？於是覽止足之分，庶浮雲之志。築室種樹，逍遙自得。池沼足以漁釣，舂稅足以代耕。灌園鬻蔬，以供朝夕之膳。牧羊酤酪，以俟伏臘之費。孝乎惟孝，友于兄弟，此亦拙者之為政也。乃作閒居之賦，以歌事遂情焉。

潘岳乃一文人，行誼無足稱。然在文人筆下，往往可以寫出時代共同心情之嚮往。潘之此序，亦足代表當時門第中人之一般意想。所謂覽止足之分，庶浮雲之志，亦即當時儒道合流，阮瞻將毋同之意。雖固池沼舂稅，生事不為不優，然必歸之於朝夕之供奉，伏臘之祠祭。而閒居之計，又必以何能違太夫人羸老之膝養為辭。典終奏雅，仍是孔子孝乎惟孝，友于兄弟，是亦為政，奚其為為政之訓也。岳又有〈陽城劉氏妹哀辭〉，有〈悼亡賦〉、〈哀永逝文〉、〈寡婦賦〉。寡婦者，乃任安妻，潘岳之姨。

此下有孫綽《喻道論》中孝道，有王羲之〈稱病去會稽郡自誓父母墓文〉，有〈賢姊帖〉、〈亡嫂帖〉。有陶潛〈祭從弟敬遠文〉、〈悲從弟仲德〉詩、〈祭程氏妹文〉。有謝靈運〈述祖德〉詩、〈酬從弟惠連〉，惠連〈獻康樂〉。有顏延之〈祭弟文〉、〈除弟服〉詩。有鮑昭〈與妹書〉。有梁武帝〈孝思賦〉，謂慈如河海，孝若涓塵，今日為天下主而不及供養，永慕長號，何解悲思。梁武帝又作〈聯珠〉五十首明孝道，見《金樓子》。沈驎士有〈沈氏述祖德碑〉。庾信亦有〈傷心賦〉，傷其家室之喪亡。凡此之類，皆是祖德親恩，家人父子，死生存歿，悲苦歡愉，情見乎辭，同樣有其極深厚之門第背景。

由於東漢之累世經學，累世公卿，而有此下士族門第之興起。因此門第與儒學傳統有其不解緣。而門第同時必有書籍聚藏。梁元帝《金樓子》有〈教子〉篇，繼之為〈聚書〉篇，此兩篇實為當時門第同所重視之兩事。張湛〈列子注序〉，謂吾先君與劉正輿傅穎根，皆王氏之甥，並少遊外家，舅始周，始周從兄正宗輔嗣，皆好集文籍，先并得仲宣家書，幾將萬卷。輔嗣為正始清談之祖，然亦賴藏書，以成其業，於此可見。〈宋略序〉，稱裴子野家有藏書，聞見又接，是以不用浮淺，因宋之新史為《宋略》二十卷。治史學者必待有書，其事更不待論。梁元帝《金樓子》自謂：吾今年四十六歲，自聚書來四十年，得書八萬卷。河間之侔漢室，頗謂過之。又如梁宗室吳平侯景之子勱聚書至三萬卷。史稱王僧孺好墳籍，聚書至萬餘卷，率多異本，與沈約任昉家書埒。

其他私家藏書見載史籍者不具舉。

當時藏書不易，因其必待鈔寫。《金樓子》記竟陵蕭子良，居雞籠山西邸，集學士，鈔五經百家，依《皇覽》，列為《四部要略》千卷。招致名僧，講論佛法。道俗之盛，江左未有。此尤其著例。王筠〈自序〉謂：

> 余少好鈔書，老而彌篤，習與性成，不覺筆倦。自年十三四，齊建武二年乙亥，至梁大同六年，四十載矣。幼年讀五經，皆七八十徧。愛《左氏春秋》，吟諷常為口實。廣略去取，凡三過五鈔。餘經及《周官》、《儀禮》、《國語》、《爾雅》、《山海經》、《本草》，並再鈔。子史諸集皆一徧。未嘗借人假手，並躬自鈔錄，大小百餘卷。不足傳之好事，蓋以備遺忘而已。

此種勤力刻苦之致，後人批評當時門第者殆未易想像也。

又《南史》載齊衡陽嗣王鈞，高帝第十一子，常手自細書，寫五經部為一卷，置於巾箱中。侍讀賀玠問之，答曰：巾箱中有五經，於檢閱既易，且一更手寫，則永不能忘。諸王聞而爭效，為《巾箱五經》。《金樓子．聚書》篇亦云：使孔昂寫得《前漢》、《後漢》、《史記》、《三國志》、《晉陽秋》、《莊子》、《老子》、《肘後方》、《離騷》等，合六百三十四卷，悉在一巾箱中，書極精細。《隋志》集部有《巾箱集》七卷，注，梁有《文章志錄雜文》八卷，謝沈撰，此亦殆是細字精鈔之本，故亦取名巾箱。蓋既成一時風氣，雇手鈔之不足而親自手鈔，親自手鈔之不足而又故為細書精鈔。其風上被帝王之尊，卿相之貴，則更為難得。此亦當時門第風流之一端。若僅以帝王卿相地位觀念來看此等人物，則似難瞭解。然若改換看法，把此等人物歸入當時門第傳統中視之，則必可獲得一新體會，而當時門第傳統風尚與其內在精神，亦可於此見其一面也。

一〇

今再匯納上面各項敘述而重加以一番綜合的說明，則可謂當時門第傳統共同理想，所希望於門第中人，上自賢父兄，下至佳子弟，不外兩大要目：一則希望其能具孝友之內行，一則希望其能有經籍文史學業之修養。此兩種希望，并合成為當時共同之家教。其前一項之表現，則成為家風。後一項之表現，則成為家學。今再就此分別述說之。

先言家風。自漢末黨錮之禍，繼以魏晉之際，朝代更迭，篡弒頻仍，門第既不能與政治絕緣，退求自保，乃逼得於儒家傳統外再加進道家老莊一套陰柔因應之術。史稱魏河東太守任嘏，為人淳粹愷悌，虛己若不足，恭敬如有畏，其修身履義，皆沈默潛行，不顯其美，故時人少得稱之。任嘏有《道論》，《隋志》入道家，其實彼乃體儒而用道，最可代表當時人生之新趨向。又如魏司空王昶為其兄子及子作名字，兄子默字處靜，沈字處道，子渾字玄沖，深字道沖。書戒之曰：欲使汝曹顧名思義，不敢違越。是為太原王氏。與琅琊王氏在魏晉六朝家門之盛，天下莫與比倫。昶之用心，亦如任嘏，不過欲其子姪輩能謙默玄靜，務求免禍而止。即如阮嗣宗出言玄遠，從不臧否人物，其心何嘗不如此？《晉書》言籍少有濟世志，屬魏晉之際，天下多故，名士少有全者，籍由是不與世事。顏延年稱其身事亂朝，常恐罹謗遇禍，因茲發詠，雖志在譏刺，而文多隱避。鍾嶸《詩品》則謂其詩源出〈小雅〉。此皆可闡發嗣宗之內情。嵇叔夜〈與山巨源絕交書〉，自言無萬石之慎。又謂每讀尚子平臺孝威傳，慨然慕之。又有〈幽憤詩〉，謂古人有言，善莫近名，奉時恭默，咎悔不生。萬石周慎，安親保榮。字裏行間，一種憂時畏禍顧家全族之意，隨處流露，揭然如見。其慕尚子平臺孝威，亦仍望男婚女嫁，門祚蟬綿，然後己身可以脫然而去，此與莊老玄思相去實遠。又叔夜有〈自責詩〉，謂欲寡其過，謗議沸騰，性不傷物，頻致怨憎。昔慚柳下，今愧孫登。內負宿心，外赧良朋。此其意態，實與阮嗣宗無二致。託言老莊，皆有激而逃，非內情實然也。

嵇康詩又云：

> 夷路值枳棘，安步得焉如。權智相侵奪，名位不可居。鸞鳳避罻羅，遠託崐崙墟。

此尤辭旨顯豁，為此下避世遊仙詩之創始。是亦感激於時局情勢之所不得已，與奉時恭默之心，可謂一致而百慮，異途而同歸。故雖曠達放誕如嵇阮，若非瞭解當時門第背景，即難得其情思真際也。

此下有王羲之〈與謝萬書〉，亦謂：

頃東遊還，修植桑果，今盛敷榮。率諸子，抱弱孫，遊觀其間。有一味之甘，剖而分之，以娛目前。雖植德無殊邈，猶欲教養子孫以敦厚退讓，戒以輕薄。庶令舉策數馬，彷彿萬石之風。

此雖右軍一人之言，然敦厚退讓，萬石家風，實是當時門第共同所想望。《南史・王志傳》，志家世居建業禁中里馬糞巷。父僧虔以來，門風多寬恕，志尤惇厚，兄弟子姪，皆篤實謙和，時人號為馬糞諸王為長者。此處所謂寬恕惇厚，篤實謙和，依然是萬石家風。蓋惟此乃是保家持祿之要道。不僅此一代人奉此為家教，即唐代門第，下至宋明清諸代，凡有家訓家教，幾無不采此一路。則所謂魏晉風流，其所感被，實決不即止於魏晉可知已。

又如梁昭明太子〈答晉安王書〉，謂：

況觀六籍，褻玩文史，見孝友忠貞之迹，覩治亂驕奢之事，足以自慰，足以自警。

昭明位為皇儲，忠貞治亂，宜所注意，又言孝友驕奢，孝友所當勉，驕奢所當戒，此亦濡染於當時門第傳統風教，故乃特別注意及此，固不當僅作門面語看也。

以上說此時代之門第家風，戒輕薄，戒驕奢，重謙退，重敦厚，固非當時門第盡能如此，然一時賢父兄之教誡，賢子弟之順行，則大要不離於此。又有另一面當特別提出者，為當時門第在家庭中所奉行率守之禮法，此則純是儒家傳統。可謂禮法實與門第相終始，惟有禮法乃始有門第，若禮法破敗，則門第亦終難保。關於此方面者，姑舉《顏氏家訓・風操》篇說之。《家訓・風操》篇開始有云：

吾觀《禮經》，聖人之教，箕帚匕箸，咳唾唯諾，執燭沃盥，皆有節度，亦為至矣。但既殘缺，非復全書。其有所不載，及世事變改者，學達君子，自為節度，相承行之，故世號士大夫風操。而家門頗有不同，所見互稱長短，然其阡陌，亦自可知。昔在江南，目能視而見之，耳能聽而聞之，蓬生麻中，不勞翰墨。汝曹生於戎馬之間，視聽之所不曉，故聊記錄，以傳示子孫。

據上所引，知當時門第禮法，乃一承古代儒家傳統而來。又知當時門第間，雖家規祖尚，亦各有出入，要之大體畛域，則不相違遠。又知此種禮法，既成一時風習，亦遂視若固然，故不用有翰墨記錄。此下顏氏所記，其事雖若甚碎，然亦未必能盡，惟即此可想像其大致。顏氏所謂世號士大夫風操者，此即當時門第中人所以自表異於庶族寒門之處。自今言之，亦可謂是當時此輩門第貴人之一項身分標幟，即所以表示其成為士大夫流品者一種特有之學養，由其為同時及後世人之效慕而言，則謂之風流。由於為此一流品中人所共同操守言，則謂之風操。此種士大夫風操，除《家訓》本篇所記錄外，仍可在當時史籍及其他書中鉤稽其一部分。而即觀顏氏此篇，亦可使我們更瞭解當時人所以重視〈喪服〉之一端。蓋不論對生人，對死者，同樣有一套禮法，為當時門第中人所重視，認為不可輕忽，此亦一種敦厚篤實之風。子女自幼即從此種環境中培育長大，故能時有一種至性呈露，此則決非無端而致。我們自今討論當時門第，此一方面，實決不當不注意。

又如史稱，陸機服膺儒術，非禮不動。又稱庾亮善談論，性好老莊，風格峻整，動由禮節。此兩人，陸屬文人，庾則名士。一稱非禮不動，一稱動由禮節。《世說》亦稱賀循言行以禮。其他類此者尚多。而《南史・王弘傳》，謂弘既為人望所宗，造次必於禮法，凡動止施為，及書翰儀禮，後人皆依倣之，謂為王太保家法。此又證明一人之風操，即成為一門之家法。而上之所述，所謂門第家法者，其背後莫非有人焉以為之主宰楷則，而此等為之主宰楷則之人，所謂非禮不動，動由禮節，言行以禮，造次必於禮法之士大夫風操，亦決非依樣葫蘆，默守舊儀，即盡其能事。在彼輩必對人生嚮往與當時現實環境有所斟酌，此皆顏之推所謂學達君子。彼輩心中，對人生理想之觀點，及其現實處境之考慮，遠在今日，固已難可細論，然要之當時門第之所得維持於不弊，則必有一番人之心力智慧之所灌注，而始克有此，則斷可想見。顏延之〈庭誥文〉有云：

> 儻知恩意相生，情理相出，可使家有參柴，人皆由損。

此雖亦一人之言，然可知當時門第中人於尊重禮法之背後，更重恩情之培養。惟其有恩情，始能有禮法。即觀顏之推《家訓‧風操》篇所舉種種細節，自必一一推本之於家人父子間之恩情而始見其意義所在。至於所謂家有參柴，人皆由損，此亦可謂雖不能至，心向往之。當時人一種人生想望與信念寄託者實在此。樂廣所謂名教中自有樂地，亦當在此等處參究也。

至於當時門第佳話，載於史籍，亦復不少。舉其著者，如氾毓奕世儒素，家居青州，逮毓七世，時人號其兒無常父，衣無常主，居父墓三十餘載。又如博陵李几，七世同居同財，家有二十二房，一百九十八口。又如張公藝，九世同居，北齊隋唐，皆旌表其門。又如楊播楊椿兄弟，一家之內，男女百口，緦服同爨。楊椿〈誡子〉，謂家仕皇魏以來，高祖以下，乃有七郡太守，三十二州刺史，內外顯職，時流少比。此之所舉，多在北方。然當時門第本屬同源，惟南方風流文采較盛，而其歷世禪綿不衰之況，則南北一致，推此可以見彼。要之門第傳襲，必有人，必有教，決非無故而致。而當時一切禮法風規，亦必有其不可及處。若專一著眼在其權位與財富上，謂門第即由此支持，揆之古今人情物理，殆不其然。

一一

此下再說當時之門第家學。自東漢以來，因有累世經學，而有累世公卿，於是而有門第之產生。自有門第，於是而又有累世之學業，此事當略舉一二家尤富代表性者說之。首當提及瑯琊王氏。其一門累世文采風流，最為當時之冠冕。王僧虔有條疏〈古來能書人名啟〉，王氏一家居其大半。王廙謹傳鍾法，其從兄導，導子恬與洽，皆善書。其從兄羲之云：弟書遂不減我，是為僧虔之曾祖。洽少子珉，論者謂其筆力過獻之子敬。廙兄羲之，獻之外甥羊欣稱之謂古今莫二。李充母衛夫人善鍾法，為羲之師。羲之第七子獻之，評者謂其骨勢不若父而媚趣過之。又或謂父之靈和，子之神俊，皆古今之獨絕。世之聞二王者，莫不心醉。是知德不可偽立，名不可虛成。獻之兄玄之徽之，兄子湻之，俱善書。相傳子敬七八歲學書，羲之從後掣其筆不脫，歎曰：此兒書後當有大名。即此一例，可見當時人學問藝術，與其家世之關係。即在北方，崔盧亦以書法傳代。

《家訓．雜藝》篇謂江南諺云：尺牘書疏，千里面目。門第中人正貴以面目標異，則其重視書法，蓋無足怪。

又僧虔孫筠，有《與諸兒書論家世集》，謂：

史傳稱安平崔氏，及汝南應氏，並累世有文才。所以范蔚宗世擅雕龍，然不過父子兩三世耳。非有七葉之中，名德重光，爵位相繼，人人有集，如吾門世者也。沈少傅約語人云：吾少好百家之言，身為四代之史，自開闢以來，未有爵位蟬聯，文才相繼，如王氏之盛者。汝等仰觀堂構，思各努力。

可見當時門第，於爵位蟬聯之外，又貴有文才相繼，世擅雕龍，而王氏七葉相傳，人人有集，其風流文采，自足照映數百年間，而高出其他門第之上。其為父兄者，自必以此常鼓勵鞭策其後人，務使克繩祖武，堂構勿替。而筠之此文，實亦可以透露當時一般門第中人之所想望與其所欣羨之一境，亦無疑義。

其次當述及梁武帝蕭衍一家。《梁書》、《南史》並載，齊竟陵王子良，開西邸，招文學，梁高祖與沈約謝朓王融蕭琛范雲任昉陸倕等並游焉，號曰八友。史又稱梁武少而篤學，洞達儒玄。雖萬機多務，猶卷不釋手，燃燭側光，常至戊夜。其自為〈淨業賦〉，則謂少愛山水，有懷丘壑，身羈俗羅，不獲遂志。又謂自念有天下，本非宿志，惟當行人所不能行者，令天下有以知我心。斷房室，不與嬪侍同居而處，四十餘年。蓋梁武為人，其感染於當時門第風尚者至深，厥後雖踐帝阼，而夙習難忘。若就門第目光作衡量，彼實不失為一風流人物。然登上政治舞臺，則終不免演了一齣悲劇收場。梁武一人之生平，正可作為此一整個時代之縮影。言其著作，近二十種，踰八百卷。如《通史》四百八十卷，固是敕群臣所撰，其他殆亦非全出親筆，要之其劭學問，耽著述，求之歷代史籍中諸帝王，實亦少可匹儔。

昭明太子，武帝之長子。《梁書》載其三歲受《孝經》、《論語》，五歲遍讀五經。母丁嬪薨，步從喪還宮，至殯，水漿不入口。高祖遣中書舍人顧協宣旨，乃進數合。自是至葬，日進麥粥一升。體素壯，腰帶十圍，至是減削過半。《南史》載其開東宮，雖內殿燕居，坐起恆向西南面臺宿，被召當入，危坐達旦。此種內行敦篤，顯由當時門第風教，絕難於尋常帝王家庭中求之。其〈與何胤書〉，謂：

> 方今泰階端平，天下無事，修日養夕，差得從容。每鑽研六經，汎濫百氏。

而尤好陶淵明，謂余素愛其文，不能釋手，尚想其德，恨不同時。又謂：

> 有能觀淵明之文者，馳競之情遣，鄙吝之意祛。貪夫可以廉，懦夫可以立。豈止仁義可蹈，抑乃爵祿可辭。不必旁遊泰華，遠求柱史，此亦有助於風教也。

其於淵明，欽慕之情若此，亦可見其學養與為人矣。史又稱其引納文學之士，討論墳籍，商榷古今。劉孝綽撰〈太子集序〉，謂其：

> 日升松茂，與天地而偕長。壯思英詞，隨歲月而增廣。

其所著述有四種八十卷，而《文選》三十卷尤為卓然不朽。

梁簡文帝，武帝第三子。〈詩序〉自謂，七歲有詩癖，長而不倦。〈答張纘謝示集書〉自謂：綱少好文章，於今二十五載。史稱其引納文學之士，賞接無倦，恆討論篇籍，繼以文章。所著述有七種，近三百卷。

又梁元帝，武帝第七子。史稱其有高名，與裴子野劉顯蕭子雲張纘及當時才秀，為布衣之交。著《金樓子》，〈自序〉謂年在志學，躬自搜纂，以為一家之言。顏之推《家訓‧勉學》篇載：

> 梁元帝嘗為吾說，昔在會稽，年始十二，便以好學，時又患疥，手不得拳，膝不得屈，閉齋，張葛幃，避蠅獨坐，銀甌貯山陰甜酒，時復進之以自寬痛。率意自讀史書，一日二十

卷。既未師受，或不識一字，或不解一語，要自重之，不知厭倦。

《金樓子・自序》亦謂：

吾年十三，誦百家譜，雖略上口，遂感心氣疾。

又云：

吾小時夏夕中，下絳紗蚊幬，中有銀甌一枚，貯山陰甜酒，臥讀有時至曉，率以為常。又經病瘡，肘膝盡爛，比來三十餘載，泛玩眾書。

《家訓・勉學》篇又云：元帝召置學生，親為教授。廢寢忘食，以夜繼朝。至乃倦劇愁憤，輒以講自釋。《南史》亦載魏師既起，帝猶於龍光殿述《老子》義。又有〈與學生書〉，謂：

可久可大，莫過乎學。求之於己，道在則尊。

此則儼然鴻儒之格言，碩師之懿訓。其所著述，有十七種，近四百卷。

史稱江陵陷，元帝焚古今圖書十四萬卷。或問之，答曰：讀書萬卷，猶有今日，故焚之。就當時門第傳統言，蕭氏父子，皆不失為風流人物，可資模楷。就政治立場言，讀書著書，都成落空。蕭氏一門之悲劇，正是此一時代悲劇之縮影。今捨政治而專言門第，專注重當時門第中人之私生活及其內心想望，則蕭氏一家，終是可資模楷，堪成風流也。

劉知幾《史通》有云：

> 自晉咸洛不守，龜鼎南遷，江左為禮樂之鄉，金陵實圖書之府，故其俗猶能語存規檢，言喜風流。顛沛造次，不忘經籍。若《梁史》載高祖在圍中，見蕭正德而謂之曰：啜其泣矣，何嗟及矣。湘東王聞世子方等見殺，謂其次子諸曰：不有其廢，君何以興。皆其類。

《世說》載：

> 鄭玄家奴婢皆讀書。嘗使一婢，不稱旨，將撻之，方自陳說。玄怒，使人曳著泥中。須臾復有一婢來，問曰：胡為乎泥中。答曰：薄言往愬，逢彼之怒。

此事不知確否。然自鄭玄下迄劉義慶著書，年距兩百載以上，瑣瑣故事，仍自流傳，可見當時人極看重此等事。從《世說》載陳寔荀淑兩家父子相會，可以推見當時人之重有佳子弟。從《世說》載鄭玄家婢，可以推見當時人之賞愛文采，而尤尚經籍。此可與上引劉知幾《史通》一節相證。

此等皆當時門第中風流韻事。梁武帝元帝父子，處此危迫哀痛，猶能出言不忘經典，則尤足為風流模楷。故我特舉蕭氏一家來作當時門第風尚之一例。又如武帝弟蕭欣，元帝子蕭方等，皆有著述。即上溯宋齊兩代，亦復多有。如劉義慶著《世說》，即其例也。清儒趙甌北《二十二史箚記》有齊梁之君多才學條敘述頗詳，玆不再引。趙氏謂蕭梁父子間，尤為獨擅千古，決不得謂是過譽也。

其他如劉殷，在劉聰朝，亦一孝子，有子七人，五子各授一經，一子授《太史公》，一子授《漢書》，史稱一門之內，七業俱興。北朝之學，殷門為盛。又梁劉孝綽兄弟及群從諸子姪，當時有七十人，並能屬文。其三妹亦並有才學，史稱近古未有。又如北齊楊遵彥，一門四世同居，昆季就學者三十餘人。又如北周盧辯，累世儒學，兄景裕為當世碩儒，辯少好學，博通經籍。《北史》言盧辯撰《六官》，而《隋志》不載。辯蓋與蘇綽同治《周官》，對北周之創制立法有大影響。凡此皆以門第之盛與學業之盛並舉。惟因其門第盛，故能有此學業之盛。亦因其學業盛，纔始見其門第之盛。即如王通河汾講學，著《文中子中說》，亦自以其學術所自推本於家門之傳統。下迄唐代，其子孫輩亦尚以此相誇耀。究竟《中說》由何人所撰，遂滋後代疑問。要之即就《中說》一書，亦可說出在魏晉南北朝時，誇揚門第傳統必兼誇其一家之學業傳統。此種風氣，遠承東漢累世經學而有累世公卿而始有門第成立之淵源，故此後門第中人，亦多能在此方面承續不替。縱使為帝王之家，亦浸染在此風習中，愛好文采，劬勤學業。偏論其政治，固無可取，然若專一論其門第，則此一長處，亦不當一筆抹搬。否則此一時代之整個歷史情實，亦將為之變色，再不能使我們瞭解到此一時代之真相。凡此所述，固非存心為此一時代之門第作辨護，只是為此一時代之歷史情實作另一方面之洗發而已。

一二

茲再綜合上述，重加例證。宋臨川王劉義慶有〈薦庾實等表〉，其文曰：

伏見前臨沮令新野庾實，秉真履約，愛敬淯深。昔在母憂，毀瘠過禮。今罹父疚，泣血有聞。行成閨庭，孝著鄰黨。足以彰化率民，齊教軌俗。前徵奉朝請武陵龔祈，恬和平簡，貞潔純素，潛居研志，耽情墳籍，亦足鎮息頹競，獎勗浮動。處士南郡師覺授，才學明敏，操介清修，業均井渫，志固冰霜。

據此表文，可見當時人看重內行，以孝為主。而另一面則重看學業，而以息頹競，勗浮動為言。

又陳天嘉元年詔：

梁前征西從事中郎蕭策，梁前尚書中兵郎王暹，並世胄清華，羽儀著族，或文史足用，或孝德可稱。並宜登之朝序，擢以不次。

可見當時人所目以為世胄清華羽儀著族之門第中人，其標格所在，非文史足用，即孝德可稱。一屬學業，一屬內行。惟此二者，乃為當時門第所尚，此風至陳代而猶然。

至論學業，文學尤為時尚，其風蓋自曹魏父子開之。《金樓子・興王》篇載魏武帝御事三十餘年，手不捨書。晝則講軍策，夜則思經傳。登高必賦，被之管弦，皆成樂章。《魏志・文帝紀》，帝初好學，以著述為務，使諸儒撰集經傳隨類相從，凡千餘篇。號曰《皇覽》。是為後世類書之濫觴。由是而風會所趨，六朝之帝室皇枝，名卿碩彥，靡不延攬文學，抄撰眾書。齊梁尤盛。蓋建安文體創新，固已歆動眾好，而曹氏父子以帝王之尊垂情篇什，更易形成後世之風尚。然此種文學風尚，既與經史實學異趣，亦復與安親保榮為當時所重之傳家風教有違。劉勰《文心雕龍》論之云：

魏之三祖，氣爽才麗，宰割辭調，音靡節平。觀其北上眾引，秋風列篇，或述酣宴，或傷羈戍，志不出於淫蕩，辭不離於哀思。雖三調之正聲，實韶夏之鄭曲。

蓋建安新詠，原本樂府，其關於音節方面者姑不問，論其內容，述酣宴，傷羈戍，志陷淫蕩，辭歸哀思，此雖文學之新域，要非修齊之正軌。而風氣既開，人競追逐。如祖瑩以文章見重，常語人云：

文章須自出機杼，成一家風骨，何能共人同生活也。

梁簡文帝〈誡當陽公大心書〉乃謂：

立身之道與文章異。立身先須謹重，文章且須放蕩。

此等放蕩不與人同生活之情態意境，豈能與立身謹厚之萬石家風兩美雙全？姚察引阮孝緒言，亦謂有行者多尚質樸，有文者少蹈規矩。劉勰《文心雕龍》尤慨乎言之，謂勵德樹聲，莫不師聖，而建言修辭，鮮克宗經。然此等文風，終是流漫不止。鍾嶸〈詩品序〉有云：

今之仕俗，斯風熾矣。裁能勝衣，甫就小學，必甘心而馳騖焉。於是庸音雜體，各為家法。至於膏腴子弟，恥文不逮，終朝點綴，分夜呻吟。次有輕蕩之徒，笑曹劉為古拙，謂鮑昭羲皇上人，謝朓今古獨步。

顏之推《家訓》，更於此痛切縷述，謂：

吾家風教，素為整密。昔在齠齔，便蒙誘誨。每從兩兄，曉夕溫凊，規行矩步，安辭定色。鏘鏘翼翼，若朝嚴君焉。年始九歲，便丁荼毒，慈兄鞠養，有仁無威，導示不切。雖讀禮傳，微愛屬文，頗為凡人之所陶染。肆欲輕言，不修邊幅。年十八九，少知砥礪，習若自然，卒難洗盪。三十以後，大過稀焉。每常心共口敵，性與情競，夜覺曉非，今悔昨失，自憐無教，以至於此。

可見當時愛好文辭之習尚，實與門第教養，禮法修踐，存在有背道而馳之裂痕。一本兩漢儒家傳統，一出曹魏軼蕩新軌。後人兼采並存，而未能陶冶合一。顏黃門親以過來人教戒子弟，其言可謂懇切諄到。《家訓》中又列舉此一時代人染被新風，違失舊習，所謂文人無行，身敗名裂之具體例證，言之確鑿，數之勵縷，往事俱在，文詳不引。要之此一裂縫，亦為考論當時門第病害者所當深切注意也。

直至隋李諤〈上書正文體〉猶云：

魏之三祖，更尚文詞。忽君子之大道，好雕蟲之小技。下之從上，有同影響。競騁文華，遂成風俗。江左齊梁，其弊彌甚。貴賤賢愚，唯務吟詠。遂復遺理存異，尋虛逐微。競一韻之高，爭一字之巧。連篇累牘，不出月露之形。積案盈箱，惟是風雲之狀。世俗以此相高，朝廷以此擢士。利祿之途既開，好尚之情彌篤。可知當時尚文之風，溯源實始曹魏。而門第來歷，則遠在其前。門第必重儒術，謹禮法，尚文則競虛華，開輕薄。惟魏晉以下之門第，既不能在政治上有建樹，乃轉趨於在文辭上作表現。蓋矜尚門第，自當重門第中之人物，人物則必有所表現。在始僅認文學為人生表現之一種工具，在後則認人生即在文學表現上。如此一變，遂至於大謬而不然。又曹氏父子，對當時門第傳統，本抱一種敵視之意態。魏武嘗有不惜援用不忠不孝之人之詔書，曹魏當時之新文體，本不與門第相顧。而魏晉以下之門第，一面謹守儒家舊傳統，一面又競慕文學新風流。在此二者間，未能融會調劑，故使利弊互見，得失交乘。此一種複雜之情形，極難剖析盡致。惟貴讀史者隨時隨處，分別善觀。片面單辭，則殊難刻畫使分寸恰符，稱衡使銖兩不失也。

一三

其次當及魏晉以下之崇尚老莊與清談。先有王弼何晏談虛無，次有阮籍嵇康務放達。然此惟三國魏晉之際為尤。南渡以後，其風即漸變質。抑且王何立論，天地萬物以無為本，實對兩漢以來陰陽家言五德終始，以及一切讖緯妄誕，為魏晉篡弒所藉口者，有摧陷廓清之功。而阮嵇之放達，則戴逵〈放達為非道論〉已為之解釋。戴之言曰：

竹林之為放，有疾而為顰者也。元康之為放，無德而折巾者也。

沈約有〈七賢論〉，大意亦為阮嵇闡解。要而言之，則曹魏之好文辭，與晉人之祖玄虛，二者同為魏晉以下門第家風之大病害。趙甌北《二十二史劄記》有清談之習一條，備記當時人之斥清談者。可見崇尚老莊，乃一時激於世變而姑逃以寄，本未嘗專主老莊以代周孔。故裴徽問王弼，無者誠萬物之所資，聖人莫肯致言，而老莊申之無已，何邪？弼答：聖人體無，無又不可以訓，故言必及有。老莊未免於有，恆訓其所不足。就此一問一答之間，見當時雖言虛無，尚亦無揚莊老而抑周孔之意。故阮瞻以將毋同三語得辟為掾。其後郭象注《莊》，亦多騁曲解，迴護孔子，顯違《莊》書之原義，而一時因以享盛名。是知逃言虛無，實具苦衷，非本情好。我所謂南渡以後逐漸變質者，蓋當時門第中人乃漸以清談為社交應酬之用。蓋惟清談可以出言玄遠，不及時事，並見思理，徵才情，正與詩文辭采，同為當時門第中人求自表現之工具。若周孔禮法，家門孝謹，雖敦篤奉行，卻不宜在社交場合，宴會群聚中作為談論之資。門第中人則總喜有表現。既不能在世間實際功業事為有貢獻，乃在文辭言談自樹異。若真尚老莊，心知其意，即不必刻意求文辭之精美。真重文辭，跌宕歌呼，亦不復是老莊之虛無。在此二者間，殊無必然相連之內質。抑且此二者，在當時乃能與儒家傳統禮教及所重之孝謹家風相配合，沆瀣一氣，匯為同流，若不見有衝突。此中情況，則惟以歷史因緣始可為之說明。此非當時人在周孔老莊以上，另有一種更高之綜合而使其得此，此即證之於當時人之言談與著述而可知。我無以名之，姑名之曰崇尚老莊之變質。

如《世說》載：

諸名士共至洛水戲，還。樂令問王夷甫曰：今日戲，樂乎？王曰：裴僕射善談名理，混混有雅致。張茂先論《史》、《漢》，靡靡可聽。我與王安豐說延陵子房，亦超超玄著。

此事尚在渡江前，已見時人以談作戲。無論所談是名理，是歷史，抑是古今人物，要之是出言玄遠，要之是逃避現實，而仍求有所表現。各標風致，互騁才鋒，實非思想上研覈真理探索精微之態度，而僅為日常人生中一種遊戲而已。

《世說》又一則云：

謝胡兒語庾道季，諸人莫當就卿談，可堅城壘。庾曰：若文度來，我以偏師待之。康伯來，濟河焚舟。

此故事在渡江後。益見時人以談作戲，成為社交場合中之一種消遣與娛樂。謝道蘊為小郎解圍，一時傳為佳話，亦只是騁才情見機敏而已。故知當時名士清談，特如鬥智。其時又好圍棋，稱之曰坐隱，又稱曰手談。正因圍棋亦屬鬥智，故取以擬清談也。然則清談亦可稱口奕，或舌棋，見其亦僅屬一種憑口舌之對奕。亦可稱為談隱，以時人直是以談話作山林，出言玄遠，即是隱於談，卻不必脫身遠去，真隱於山林也。

又按《齊書・柳世隆傳》，世隆少立功名，晚專以談義自業。常自云，馬矟第一，清談第二，彈琴第三。在朝不干世務，垂簾鼓琴，風韻清遠，甚獲世譽。此以清談與馬矟彈琴相提並論，亦如以清談與奕棋相類視，要之清談乃是一種日常生活，若謂專求哲理，豈不甚違當時之情實乎？

又按《晉書・陶侃傳》，諸參佐或以談戲廢事，乃命取其酒器蒱博之具悉投於江。曰：樗蒱者，牧豕奴戲耳。老莊浮華，非先王之法言。此處亦以談戲並言。談即老莊清談，而與樗蒱並舉，則清談之成為當時日常人生中一種消遣游戲之事，又得一證矣。

又按《世說》云：

殷中軍為庾公長史，下都王丞相為之集。桓公王長史王藍田謝鎮並在。丞相自起解帳，帶麈尾，語殷曰：身今日當與君共談析理。既共清言，遂達三更。丞相與殷共相往反，其餘諸賢略無所關。既彼我相盡。丞相乃歎曰：向來語，乃竟未知理源所歸。至於辭喻不相負。正始之音，正當爾耳。明旦，桓宣武語人曰：昨夜聽殷王清言，甚佳。仁祖亦不寂寞，我亦時復造心，顧看兩王掾，輒翣如生母狗馨。

此是殷浩新出，將有遠行，王導作集，為之邀約諸賢，共作一夕之懽也。此如法國十八世紀有沙龍，亦略如近人有雞尾酒會，自是當時名士一種風流韻事。既不作灌夫之使酒，亦不效謝安之攜妓，僅是清談玄理，豈不風雅之絕。英雄如桓宣武，席中尚不獲儳言插論。退席語人，猶以時復造心自喜自負。可見即是清談，亦猶有儒家禮法密意行乎其間。此乃是當時人一種生活情調，即今想像，猶在目前。若認真作是一哲理鑽研，則誠如隔靴搔癢，終搔不到當時人癢處所在矣。

《世說》又一則載：

裴散騎娶王太尉女，婚後三日，諸壻大會。當時名士王裴子弟悉集。郭子玄在坐，挑與裴談。子玄才甚豐贍，始數交未快，郭陳張甚盛，裴徐理前語，理致甚微，四座咨嗟稱快。王亦以為高，謂諸人曰：君輩勿為爾，將受困寡人女壻。

今試設想，如當時裴王門第之盛，安富尊榮已臻極度，又值新女壻上門，嘉賓萃止，若如今日西俗，則正好來一盛大舞會，而當時諸賢，則借此場合作一番清談，所說又盡是莊老玄虛，豈不誠是風流雅致乎？

《世說》又一則云：

羊孚弟娶王永言女，及王家見壻，孚送弟俱往。時永言父東陽尚在，殷仲堪是東陽女壻，亦在坐，孚雅善理義，乃與仲堪道齊物。殷難之。羊云：君四番後當得見同。殷笑曰：乃可得盡，何必相同。乃至四番後一通，殷咨嗟曰：僕更無以相異。歎為新拔者久之。

此一故事與上則絕相似，皆是新壻登門，於盛大宴會中作清談也。

《晉書・忠義傳》載：弘農王粹以貴公子尚主，館宇甚盛，圖莊周於室，廣集朝士，使嵇含為之讚。含援筆為祭文。曰：

帝壻王弘遠，華池豐屋，廣延賢彥。圖莊周垂綸之象，記先達卻聘之事。畫真人於刻桶之室，載退士於進趣之堂。可謂託非其所，可弔不可讚也。

堂上畫莊周像，此亦當時門第一種風雅裝飾，正如在宴會中辨〈齊物論〉，亦是當時一種時髦應酬。嵇含乃康之兄孫，不失其叔祖遺風。於此獨致譏笑。此可見風流感染，愈遠而愈失其真，故我謂南渡清談已漸變質也。

明於此，請繼論王僧虔之〈誡子書〉。書云：

談何容易。見諸元，志為之逸，腸為之抽。專一書，轉誦數十家注，自少至老，手不釋卷，尚未敢輕言。汝開《老子》卷頭五尺許，未知輔嗣何所道，平叔何所說，馬鄭何所異，指例何所明，而便盛於麈尾，自呼談士，此最險事。設令袁令命汝言《易》，謝中書挑汝言莊，張吳興叩汝言老，端可復言未嘗看邪？談故如射，前人得破，後人應解。不解，即輸賭矣。且論注荊州八袠，又才性四本，聲無哀樂，皆言家口實，如客至之有設也。汝皆未經拂耳瞥目，豈有庖廚不修，而欲延大賓者哉？

細玩僧虔此書，可見當時清談，正成為門第中人一種品格標記。若在交際場中不擅此項才藝，便成失體，是一種丟面子事。故云如客至之有設。若家有賓客來至，坐對之際，茗果既設，亦須言談。惟既不宜談政治隆污，又不屑談桑麻豐凶。若要夠得上雅人深致，則所談應不出上述之數項。此所謂言家口實。當時年長者應接通家子弟，多憑此等話題，考驗此了弟之天姿與學養。故當時門第中賢家長必教戒其子弟注意此等言談材料，此乃當時門第裝點場面周旋酬酢中一項重要節目，故既云談何容易，又說端可復言未嘗看邪。風氣所趨，不得不在此方面用心。其實在魏晉之際，時人所以好言莊老虛無，又所以致辨於才性四本及聲無哀樂等問題者，此皆在時代苦悶中所逼迫而出之一套套思想上之新哲理與新出路。當時人確曾在此等問題上認真用心思。至後則僅賸下這幾個問題，用來考驗人知也不知，答應得敏速利落與否，僅成為門第中人高自標置之一項憑據。既為門第中人，不能於此等話題都談不上口。故梁元帝《金樓子》於〈著書〉一篇之後接有〈捷對〉篇，篇中所舉，雖不能如《世說》之深雅，然可見著書與捷對同為當時門第所尚，而捷對則僅是清談之降而益下者。任彥昇〈為蕭揚州作薦士表〉有云：

> 勢門上品，猶當格以清談。英俊下僚，不可限以位貌。

此見當時人實以清談為門第中人考驗夠格與否之一種標準也。則當時門第有清談，豈非如此後考場中之經義與八股，惟一出政府功令，一屬社會習尚，不同在此而已。

要之重文辭與尚清談，則不得不同目為當時門第中兩大病。重文辭之病，已述在前。清談之病，《顏氏家訓》歷數極深切。其言曰：

> 老莊之書，蓋全真養性，不肯以物累己也。故藏名柱史，終蹈流沙。匿跡漆園，卒辭楚相。此任縱之徒爾。何晏王弼，祖述玄宗，遞相誇尚，景附草靡。皆以農黃之化，在乎己身，

周孔之業，棄之度外。而平叔以黨曹爽見誅，觸死權之網也。輔嗣以多笑人被疾，陷好勝之穽也。山巨源以蓄積取譏，背多藏厚亡之文也。夏侯玄以才望被戮，無支離擁腫之鑒也。荀奉倩喪妻神傷而卒，非鼓缶之情也。王夷甫悼子悲不自勝，異東門之達也。嵇叔夜排俗取禍，豈和光同塵之流也。郭子玄以傾動專勢，寧後身外己之風也。阮嗣宗沈酒荒迷，乖畏途相誡之譬也。謝幼輿贓賄黜削，違棄其餘魚之旨也。彼諸人者，並其領袖，玄宗所歸，桎梏塵滓之中，顛仆名利之下者，豈可備言乎？直取其清談雅論，剖玄析微，賓主往復，娛心悅耳，非濟世成俗之要也。

顏氏之所指摘，僅謂當時人未能真學老莊，而猶好言之，最先因於時代所激，既好言之而仍不能真學，則乃為門第背景所困。蓋門第先在，激於世變而言老莊，而老莊終非門第傳統中安親持榮之正道，於是有許多人因此作犧牲，此亦一種時代悲劇。而老莊清談乃漸變為一種娛心悅耳之資，換言之，則是社交場合中一種遊戲而已。

梁元帝《金樓子》又有云：

世有習干戈者賤乎俎豆，修儒行者忽乎武功。范甯以王弼比桀紂，謝混以簡文方赧獻。李長有顯武之論，文莊有廢莊之說。余以為不然。余以孫吳為營壘，以周孔為冠帶，以老莊

> 為歡宴，以權實為稻粱，以卜筮為神明，以政治為手足，一圍之木持千鈞，五寸之楗制開闔，總之者明也。

此處以老莊為歡宴五字，即我上之所分析，如舉《世說》各條，上自洛水清游，下至裴羊兩家新壻歡讌，豈非其明證乎？

《金樓子》又云：

> 天下一致而百慮，同歸而殊途。儒者列君臣父子之禮，序長幼之別。墨者堂高三尺，土堦三等，茅茨不翦，采椽不斲，冬日以鹿裘為禮，盛暑以葛衣為貴。法家不殊貴賤，不別親疏，嚴而少恩，所謂法也。名家苛察繳繞，檢而失真，是謂名也。道家虛無為本，因循為務，中原喪亂，實為此風。何鄧誅於前，裴王滅於後，蓋為此也。

此處以中原喪亂歸咎於道家虛無，似較顏黃門《家訓》遠為嚴刻。然元帝又不許范寧之罪王何。蓋當時門第中人，一般都主兼采並畜。老莊非無可取。善用之，殊途亦可同歸。惟一意於此，始見病害。元帝之意，亦非與顏黃門有甚深之違歧也。

《世說》又云：

王夷甫容貌整麗，妙於談玄。恆捉白玉柄麈尾，與手都無分別。

手與玉柄同白，是其貌之麗。然想王夷甫捉麈清談之頃，必有一番閒情雅致，始以見其容之整。麗固可羨，整則可矜。從此清談捉麈，亦成為門第中一種風流。陳顯達自以門寒位重，每遷官，常以愧懼之色戒其子，勿以富貴陵人。曰：麈尾蠅拂，是王謝家物，汝不須捉此。取而燒之。此亦見清談與當時門第背景之關係矣。

以上逐一分說當時門第中人所以高自標置以示異於寒門庶姓之幾項重要節目，內之如日常居家之風儀禮法，如對子女德性與學問方面之教養。外之如著作與文藝上之表現，如交際應酬場中之談吐與情趣。當時門第中人憑其悠久之傳統與豐厚之處境，在此諸方面，確亦有使人驟難企及處。於是門第遂確然自成一流品。門第中人之生活，亦確然自成一風流。此種風流，則確乎非藉於權位與財富所能襲取而得。中書舍人王宏為宋太祖所愛遇，謂曰：卿欲作士人，得就王球坐，若往詣球，可稱旨就席。及至，球舉扇，曰：若不得爾。宏還啟聞，帝曰：我便無如此何。紀僧真幸於宋孝武帝，曰：臣小人，出自本州武吏，願就陛下乞作士大夫。帝曰：此事由江斅謝瀹，我不得措意。紀承旨詣斅，登榻坐定，斅命左右移吾床讓客。紀喪氣而還。帝曰：士大夫固非天子所命。此等事，驟看似不近情理，然若就上述逐一思之，便知在當時亦自有來歷背景，不易憑吾儕此刻意見輕下判語也。

南方門第此種文采風流，即在北方胡族中，亦生愛慕。當時北方鮮卑之漢化，此種心理，亦一重要契機。史稱魏孝文甚重齊人，親與談論，顧謂群臣曰：江南多好臣。侍臣李元凱對曰：江南多好人，歲一易主。江北無好臣，百年一易主。魏主甚慚。就實論之，不僅南方政府無奈門第何，即北方政府終亦無奈門第何。而後遂開此下隋唐之新局面。此亦尚論史實者所當知也。

一四

此下再略一提及當時門第信奉佛教之事。佛教主張出家離俗，似與當時大門第風尚不相容。其實亦不然。《顏氏家訓》云：內教多途，出家自是其一法。若能誠孝在心，仁惠為本，不必剃落鬚髮。可見除卻剃鬚落髮，出家離俗以外，在佛門中亦尚有許多堪資當時門第取用者。舉其著明之事，佛家有種種禮法修持，教導信向，實較老莊虛無更適於門第之利用。故在魏晉之際，一時雖老莊盛行，而宋齊以下，即多轉奉釋氏。固緣當時大德高僧，善為方便，能隨俗宏法。如《宏明集》載慧遠〈沙門不敬王者論〉，謂悅釋迦之風者，輒先奉親而敬君。又何尚之〈答宋文帝讚揚佛教事〉，謂慧遠法師嘗云：釋氏之化，無所不可。適道固自教源，濟俗亦為要務。故慧遠雖入山門，仍講授〈喪服〉。又如《續高僧傳》，釋曇濟在虎丘講《禮》、《易》、《春秋》各七通，釋僧旻從僧迴受五經，釋智琳《禮》、《易》、《老》、《莊》，悉窮幽致。宋釋慧琳梁釋慧始皆注《孝經》。

劉勰著《文心雕龍》，後為僧名慧地。凡此皆當時釋氏兼通儒業之例。《弘明集》又載梁武帝〈敕答臣下神滅論〉謂：

〈祭義〉云：惟孝子為能饗親。〈禮運〉云：三日齋，必見所祭。若謂饗非所饗，見非所見，違經背親，言語可息。神滅之論，朕所未詳。

此以儒家孝親祭祖之禮難范縝神滅之說，轉以迴護佛教，更可見當時大門第與佛教義之多相通借。故顏之推《家訓》乃特著〈歸心〉篇告其子，謂家世歸心，勿輕慢也。後周王褒著〈幼訓〉誡諸子，其一章云：吾始乎幼學，及于知命，既崇周孔之教，兼循老釋之談。江左以來，斯業不墜。汝能修之，吾之志也。可知直到南朝末期，老釋之談，仍為門第中人所同奉。然莊老道家終不能與釋氏爭重，其間亦有必然之勢。蓋值政治濁亂，世途多棘，道家言可以教人逃避。值心情苦悶，神思拂鬱，道家言可以教人解脫。故魏晉之際，莊老玄遠遂為一時門第所重。然有逃避，有解脫，無趨向，無歸宿。時過情遷，則仍由有許多不能解答之問題，使人心不能不另求出路。如謂人生價值可於世事糾紛中抽離，即就其人之本身表見而存在，則人必有死，死後豈不仍是落空。《世說》載戴逵見支道林墓。曰：

德音未遠，而墓木已積，冀神理綿綿，不與氣運俱盡耳。

此一概想，實俱深意。道家能事，只能因應氣運，氣運盡，則無不俱盡者。於是人生之深一層要求，遂不得不轉歸於釋教。又如安親保榮，顧念門第而期望子孫，然子孫究何預己事，沉浸於道家言者，終必發此問，如上引謝安已然，而此問終不見有好解答。《顏氏家訓・歸心》篇亦云：

有子孫，自是天地間一蒼生耳，何預身事，而乃愛護，遺其基址，況於己之神爽，頓欲棄之哉！

可見縱使門第福蔭，可以禪綿不輟，子孫永保，胤祚勿替，亦仍不能滿足人心內在更深一層之要求。當時門第中人所以終自轉向於佛教信仰之一種內在心情，於戴顏二人之說，正可透露其深處也。

此下迄於唐代，門第猶盛，而佛教亦同時稱盛。宋以下門第衰而佛教亦衰。儒家思想之復興，固是一理由。然門第與佛教自有一種相互緊密之關聯。門第為佛教作護法，佛教賴門第為檀越。唐代禪宗崛起，實開佛教擺脫門第之一種新趨勢。而宋代理學則為代替禪宗之一種新儒學。然魏晉南北朝門第之羽翼佛教而助其發旺成長，亦不可不謂其在中國文化史上有此一貢獻。

一五

今再綜合言之。魏晉南北朝時代一切學術文化，其相互間種種複雜錯綜之關係，實當就當時門第背景為中心而貫串說之，始可獲得其實情與真相。此則就上舉諸端，已自可見。

繼此尚有一事當附述者，乃為當時門第中人之看重藝術。《顏氏家訓．雜藝》篇所載分九類：一書法，二畫繪，三弓矢射藝，四卜筮，五算術，六醫方，七音樂琴瑟，八博戲與圍棋，九投壺與彈棋。其中有在中國文化傳統中占極重要地位者，厥為書法與畫繪。當時門第中人重視此二藝，正猶其重視詩文，皆為貴族身分之一種應有修養與應有表現。梁元帝《金樓子》謂以卜筮為神明，蓋門第中人於禍福觀念特所敏感，故多不免陷於迷信。如王氏一家之信奉天師道，即其一例。而佛法之深得門第擁護，其因果報應避禍邀福之談，更是主要因素。醫方為門第所重，與其重卜筮，乃一事之兩面。避禍求福，尤要者必祈望免疾病，長得健康。道家之學轉而為長生，為修煉，此事自秦漢以來已然，而如陶宏景諸人之受當時之崇重，此亦與門第中人之意態有關。如彈琴與圍棋，亦是貴族清閒生活中一種高貴娛樂。既陶性情，亦練心智。凡當時門第中人之生活情趣，及其日常愛好，皆可於上列諸項中見之。而關涉於此諸方面之著述亦極多，具載於《隋志》，此不詳。而其時僧人亦多擅術藝。《隋志》所載，音樂、小學、地理、天文、曆數、五行、醫方、楚辭諸門，皆有沙門撰著，此又見當時教徒與門第之相通也。

以上洪纖俱舉，鉅細備陳，要以見魏晉南北朝時代一切學術文化，必以當時門第背境作中心而始有其解答。當時一切學術文化，可謂莫不寄存於門第中，由於門第之護持而得傳習不中斷，亦因門第之培育，而得生長有發展。門第在當時歷史進程中，可謂已盡其一分之功績。即就政治言，當時門第亦非絕無貢獻。《南史・王弘傳論》有云：

> 《語》云：不有君子，其能國乎？晉自中原沸騰，介居江左，以一隅之地抗衡上國，年移三百，蓋有憑焉。其初諺云：王與馬，共天下。蓋王氏人倫之盛，實始是矣。及夫休元兄弟，並舉棟梁之任，下逮世嗣，不虧文雅之風，其所以簪纓不替，豈徒然也。

此雖專指王氏一家。然晉室南渡，所以得有偏安之局，實憑當時許多門第支撐。而北方門第之功則更大。正因有門第，故使社會在極度凶亂中而猶可保守傳統，終以形成一種力量，而逼出胡漢合作之局面。迨於北朝，中原文物復興，政治先上軌道，制度成一體統，下開隋唐之盛運。此皆當時北方門第艱苦支撐，慘澹營造之所致。其所貢獻於此一時期之歷史者，決不比南方門第為遜色。

再推擴言之，欲研究中國社會與中國文化，必當注意研究中國之家庭，此意盡人皆知。而魏晉南北朝時代之門第，當為研究中國社會史與文化史以及中國家庭制度者所必須注意，亦自可不待言而知。本篇所論，頗似對當時門第偏有袒護，然亦歷史實況如此。至於當時門第之有種種短缺，亦多載在史籍，即當時人亦多明白指摘。下逮後世，迄於近代，能言之者更復不少，本篇轉略不論，此亦立言各有體要，惟讀者諒之。

此稿成於民國五十二年

八十憶雙親、師友雜憶（合刊）

錢穆

本書為《八十憶雙親》、《師友雜憶》二書之合編，皆為錢賓四先生對自己生平所作的記敘。《八十憶雙親》為先生八旬所誌，概述其成長的家族環境、父親的影響和母親的護恃。後著《師友雜憶》，繼述其生平經歷，以饗並世。不僅補前書之不足，歷數了先生的求學進程、於各地的工作經驗、做學問的契機、撰著寫就的過程以及師友間的往事等，使讀者對賓四先生有更完整、更深刻的認識；亦可藉由先生的回憶，了解其時代背景，追仰前世風範。